BUDDHA REBELDE

bud.dha
a mente desperta.

re.bel.de
Aquele que questiona, resiste, recusa-se a obedecer ou se insurge contra o controle injusto ou descabido de uma autoridade ou tradição.

buddha rebelde

NA ROTA DA LIBERDADE

Dzogchen Ponlop

Tradução de Eduardo Pinheiro de Souza

Lúcida Letra
Editora interdependente

© 2010 por Dzogchen Ponlop Rinpoche

Direitos desta edição:
© 2014 Editora Lúcida Letra

Título Original: *Rebel Buddha: On the path to freedom*

Editor: Vítor Barreto
Preparação de texto: Viviane Godoi
Revisão: Vinicius Melo, Celina Karam
Tradução: Eduardo Pinheiro de Souza
Projeto Gráfico: Studio Creamcrackers | Dayana Mota
Ilustração da Capa: "O Buddha Sakyamuni", por Gonker Gyatso. A reprodução foi cortesia do artista e da TAG Fine Arts

Impresso no Brasil. *Printed in Brazil.*

1ª edição - 09/2014
2ª edição, 1ª tiragem - 12/2021 (*mudança no título e grafia de termos*)

Dados Internacionais de Catalogação na Publicação (CIP)

P797b	Ponlop, Dzogchen.
	Buddha rebelde: na rota da liberdade / Dzogchen Ponlop; tradução: Eduardo Pinheiro de Souza. – Teresópolis, RJ : Lúcida Letra, 2014.
	208 p. : il. ; 23 cm.
	Inclui índice e apêndice.
	Tradução de *Rebel Buddha: on the path to freedom*.
	ISBN 978-65-86133-48-6
	1. Budismo – Teologia dogmática 2. Liberdade. 3. Verdade – Aspectos religiosos – Budismo. I. Souza, Eduardo Pinheiro. II. Título.
	CDU 294.3
	CDD 294.34

Índice para catálogo sistemático:

1. Budismo   294.3

(Bibliotecária responsável: Sabrina Leal Araujo – CRB 10/1507)

Este livro é dedicado ao meu pequeno buddha rebelde,
Raymond Sidarta Wu,
a primeira geração de minha família a nascer na América.

Sumário

Introdução	11
1. Buddha rebelde	21
2. O que devíamos saber	29
3. Conhecendo a própria mente	41
4. Buddha na estrada	53
5. Como proceder	61
6. Lidando com a confusão	72
7. Os três treinamentos	81
8. Desconstruindo a história do eu	93
9. Além do Eu	101
10. O coração altruísta	113
11. O que você tem na boca	129
12. Aumentando a temperatura	143
13. O bom pastor e o fora da lei	149
14. Uma linhagem do despertar	159
15. Construindo a comunidade	171
Nota da editora	181
Agradecimentos da editora	183
Apêndice 1	185
Apêndice 2	197
Notas	201
Índice Remissivo	203

Introdução

NASCIDOS PARA A LIBERDADE

Buddha rebelde é uma exploração sobre o que significa ser livre e sobre como podemos nos libertar. Embora possamos votar em nossos líderes, casar por amor e cultuar forças divinas ou mundanas conforme nossa escolha, a maioria de nós não se sente realmente livre. Quando falamos sobre liberdade também estamos falando sobre o seu oposto — aprisionamento, dependência, estar sujeito ao controle de algo ou alguém externo a nós mesmos. Ninguém gosta disso e, quando nos encontramos nessa situação, logo tentamos descobrir como escapar. Qualquer restrição a "nossa vida, nossa liberdade e nossa busca da felicidade" provoca forte resistência. Quando a felicidade e a liberdade estão em jogo, podemos nos tornar rebeldes.

Há traços de rebeldia em todos nós. Geralmente estão adormecidos, mas manifestam-se algumas vezes. Caso sejam alimentados e guiados com sabedoria e compaixão, podem ser uma força positiva que nos liberta do medo e da ignorância. Porém, caso se expresse de forma neurótica, ressentida, cheia de raiva e de autointeresse, transforma-se em uma força destrutiva que prejudica a nós e aos outros. Quando nos confrontamos com uma ameaça à nossa liberdade ou à nossa independência e esse traço de rebeldia vem à tona, podemos escolher como reagir e canalizar essa energia. Ela pode tornar-se parte de um processo contemplativo que leva ao discernimento. Esse discernimento, às vezes, surge rapidamente, mas também pode levar muitos anos para surgir.

De acordo com o Buddha, não há dúvida em relação à nossa liberdade. Nascemos livres. A verdadeira natureza da mente é sabedoria iluminada e compaixão. Nossa mente está sempre brilhantemente alerta e lúcida. Ainda assim, somos assediados por pensamentos dolorosos e pela inquietação emocional que os acompanha. Vivenciamos estados de confusão e de medo para os quais não vemos saída. O problema é que não conhecemos a nós mesmos no nível mais profundo. Não reconhecemos o poder de nossa natureza iluminada. Confiamos na realidade que reconhecemos à frente de nossos olhos e simplesmente acatamos a sua validade, até que alguma coisa acontece — uma doença, um acidente, uma decepção — e nos sacode dessa ilusão. Quando isso ocorre, podemos estar prontos para questionar nossas crenças e começar a buscar uma verdade mais significativa e duradoura. Uma vez que tenhamos dado esse passo, teremos entrado na rota para a liberdade.

Nessa rota, aquilo de que nos libertamos é a ilusão e o que nos liberta dessa ilusão é a descoberta da verdade. Para descobri-la, precisamos cooptar a poderosa inteligência de nossa mente desperta e colocá-la na direção de expor, opor e vencer a ilusão. A essência e a missão do "buddha rebelde" é libertar-nos das ilusões que criamos para nós mesmos, sobre nós mesmos, e das ilusões que tentam se passar por realidade em nossas instituições culturais e religiosas.

Começamos olhando os dramas em nossa vida, não com olhos comuns, mas com os olhos do Dharma. O que é drama e o que é Dharma? Acho que poderíamos dizer que drama é uma ilusão que age como realidade e que o Dharma é a própria realidade — como as coisas são de fato, o estado básico das coisas que não muda de acordo com a moda, o humor ou a perspectiva. Para transformar o Dharma em drama, bastam os elementos de uma boa peça de teatro: emoções, conflitos e trama — uma sensação de que algo importante e urgente está acontecendo com os personagens. Nossos dramas pessoais podem começar com "fatos" a respeito de quem somos e sobre o que fazemos, mas, quando são alimentados por nossas emoções e conceitos, rapidamente tornam-se mera imaginação e ficam tão difíceis de serem decifrados quanto os enredos de nossos sonhos. Assim, a nossa percepção da realidade fica cada vez mais longe da realidade básica. Perdemos o fio da meada com relação a quem realmente somos. Não temos capacidade de distinguir os fatos da ficção ou de desenvolver autoconhecimento e sabedoria, o que poderia nos libertar de nossas ilusões.

Levou muito tempo para que eu reconhecesse as diferenças entre drama e Dharma em minha vida. Drama e Dharma podem se assemelhar muito, sendo difíceis de discriminar, seja na cultura asiática ou na ocidental. Olhando para minha vida hoje, como morador de uma cidade grande, ou para a minha infância em um mosteiro, onde recebi treinamento intensivo para assumir o papel de Rinpoche para o qual nasci, reconheço que, em certos aspectos, esses dois estilos de vida não são muito diferentes. Tanto antes quanto agora os dramas da vida seguem entrelaçados com o Dharma da vida. Quando jovem, deparei-me com várias responsabilidades avassaladoras. Era minha obrigação, por exemplo, manter as atividades espirituais — oficiar cerimônias e preservar as formas culturais tradicionais. Ainda assim, nem sempre eu via sentido nessas atividades ou reconhecia a sua conexão com a verdadeira sabedoria. Embora fosse jovem demais para compreender esses sentimentos, esse ligeiro descompasso levou-me a uma investigação sobre o que seria real — portanto, realmente significativo — e o que seria apenas ilusão. Foi um dilema para mim, meu drama pessoal, um primeiro gostinho de uma rebelião que desafiava a minha identidade e o meu papel de futuro professor na tradição onde nasci. Ainda assim, isso também me colocou na direção do Dharma: a minha busca pessoal pela verdade começou exatamente assim, com questões, e não com respostas.

REBELDE INTERIOR

No verão de 1978, já há oito anos vivendo no sistema monástico de educação, estudei os textos do Vinaya, ensinamentos do Buddha sobre ciência social, governança e conduta ética, dirigidos principalmente para a comunidade monástica. Enquanto me deleitava com o banquete dessa sabedoria e ela verdadeiramente me inspirava, eu reconhecia aquele rasto de rebelião novamente surgindo — a mesma insatisfação que havia sentido anteriormente, com os rituais vazios e os valores institucionalizados das demais tradições religiosas.

Mais adiante em meus estudos, cheguei às noções budistas de vacuidade e me senti totalmente perdido. Perguntava-me o que, afinal, Buddha queria dizer com "isso é vazio, aquilo é vazio, mesa vazia, eu vazio". Afinal, podia ver e sentir a mesa, e a velha sensação de um eu operando seguia intacta. Ainda assim, enquanto contemplava esses ensinamentos, percebi que nunca havia explorado a mente além de seus processos habituais de pensamento. Nunca havia encontrado certas dimensões profundas de minha mente. Essa vacuidade acabou sendo uma descoberta revolucionária, cheia de possibilidades para eu me libertar de minha fé cega no realismo, tão velha quanto eu, e que repentinamente parecia tão ingênua e simplória. Ao ler esses ensinamentos, eu já me sentia muito livre, e ao praticá-los de maneira entusiasmada e incondicional, essa sensação de liberdade só aumentou.

Que maravilhoso seria, pensei, se só praticássemos os ensinamentos do Buddha como, a partir de sua própria experiência, ele realmente os ensinou — livres das nuvens de religiosidade que frequentemente os cercam. Por si só, esses ensinamentos são poderosas ferramentas para intensificar a consciência e ativar o discernimento. Mas é difícil distinguir as ferramentas de suas embalagens culturais. Quando um amigo nos dá um presente, o belo papel que envolve o presente é só papel ou é parte do presente? O logotipo na sua sacola de compras faz essa sacola ter mais valor do que os conteúdos dela? Seriam as cerimônias e as observâncias religiosas mais importantes do que aquilo que está sendo observado — o sagrado inexprimível da verdade de quem somos?

Não é fácil desafiar condicionamentos culturais, irromper limitações e, a partir disso, ir além e penetrar os mais sutis condicionamentos da própria mente. Mas essa é a natureza da busca pela verdade que liberta da ilusão. Quando penso nessa liberdade e em encontrar a coragem para romper as formalidades engessadas de minha perfeccionista cultura asiática, sempre me lembro do ancestral príncipe indiano, Siddhartha, cuja realização é o exemplo perfeito de uma revolução da mente: uma busca unifocada pela verdade que o levou a seu pleno despertar, e à liberdade perante todos os aprisionamentos culturais e psicológicos. Ele não queria nada do mundo externo. Ele não estava jogando com as suas emoções, por uma intenção escusa de glorificação pessoal ou de poder. Ele apenas queria saber o que era real e o que era ilusão. A sua sinceridade e a sua coragem sempre me inspiraram, e elas igualmente podem servir de inspiração para qualquer um na busca por verdade e iluminação.

Buddha rebelde é sobre essa busca. Todos nós queremos encontrar alguma verdade importante sobre quem somos e sempre estamos atrás dela. Mas só a encontraremos quando formos guiados por nossa sabedoria — por nosso buddha rebelde interior. Com a prática, poderemos aperfeiçoar os nossos olhos e os nossos ouvidos de sabedoria, para que reconheçamos a verdade quando a virmos ou ouvirmos. Mas esse olhar e esse ouvir é uma arte que precisamos aprender. Muitas vezes, quando pensamos que estamos sendo abertos e receptivos a alguma coisa, na verdade, não estamos. Nossa mente já está cheia de conclusões, de julgamentos, de nossa versão particular dos fatos. Estamos mais focados em conseguir um selo de aprovação pelo que pensamos que sabemos do que em aprender algo novo. Mas, quando estamos genuinamente abertos, o que acontece? Há uma sensação de espaço, de acolhimento e de curiosidade, e uma conexão real com algo que vai além de nossos eus habituais. Nessa situação, ouvimos qualquer verdade que esteja sendo dita, não importa se vem de outra pessoa, de um livro ou de nossas percepções do mundo. É como ouvir música. Quando estamos totalmente imersos no som, nossa mente chega a um outro nível. Estamos ouvindo sem julgamentos ou interpretações intelectuais, porque estamos ouvindo com o coração. É assim que precisa ser quando se quer ouvir a verdade.

Quando podemos sentir a verdade nesse nível, descobrimos a realidade em sua forma desnuda, além da cultura, da língua, do tempo ou da localização. Essa é a verdade que foi descoberta por Sidarta, quando ele se tornou o Buddha (ou "aquele que despertou"). Despertar para quem realmente somos, além dos dramas pessoais e de identidades culturais mutáveis, é um processo de transformação da ilusão em seu estado básico de realidade. Essa transformação é a revolução da mente a ser explorada. Depois de muita reflexão sobre o meu próprio treinamento, tentei, neste livro, apresentar aos leitores de hoje uma visão da jornada espiritual budista livre de um viés cultural.

ALÉM DA CULTURA

Em meu papel de professor, minha intenção é simplesmente compartilhar a sabedoria do Buddha e as minhas experiências, nos âmbitos tradicionais e contemporâneos de estudo e na prática desses ensinamentos. Nos ensinamentos que realizei nos últimos anos, tento também esclarecer enganos comuns sobre o budismo — especialmente, a tendência de transmitir a cultura budista asiática como sendo o budismo, apontando a verdadeira essência dos ensinamentos, que é a sabedoria e a compaixão. Minhas experiências diversificadas levaram-me a reconhecer a influência ofuscante da cultura em nossas vidas e, a partir disso, a importância de vermos além da cultura. Para compreender quem somos como indivíduos ou como sociedade, precisamos reconhecer a interdependência de cultura, identidade e sentido.

Já que a liberdade é a finalidade do caminho budista e como precisamos da sabedoria para alcançar essa finalidade, é importante perguntarmos a nós mesmos: o que é sabedoria verdadeira — o conhecimento que leva à liberdade e não ao aprisionamento? Como podemos reconhecê-la? De que maneira ela se manifesta em nossas vidas e no mundo? Será que ela possui uma identidade cultural? As normas sociais e religiosas da vida cotidiana são a expressão da sabedoria verdadeira? Essas questões me inspiraram a dar uma série de palestras sobre cultura, valores e sabedoria. Dessas palestras, surgiu este livro.

Levar a sabedoria do Buddha de uma cultura e de uma língua para outra não é uma tarefa fácil. Apenas possuir uma boa intenção não é o suficiente. Além disso, a tarefa não se dá simplesmente em uma direção, do Oriente para o Ocidente. Trata-se tanto de um movimento no tempo quanto de um movimento no espaço físico. Uma coisa é visitar um país vizinho com costumes e valores diversos e então descobrir como se comunicar com aquele povo. Dá-se um jeito, porque apesar das diferenças, compartilhamos alguns pontos de referência pelo fato de sermos contemporâneos — de vivermos, ao mesmo tempo, no século XXI. Mas se fôssemos transportados para o passado ou para o futuro dois ou três mil anos, teríamos de descobrir uma forma de nos conectar com a mente daquele período.

Da mesma forma, precisamos encontrar uma forma de conectar esses ensinamentos ancestrais sobre a sabedoria com as sensibilidades contemporâneas. Se eliminarmos os valores culturais ou sociais irrelevantes, veremos o espectro total do que é essa sabedoria em sua forma desnuda e o que ela tem a oferecer a nossas culturas modernas. Uma verdadeira mescla dessa sabedoria ancestral com a psique do mundo moderno não ocorrerá, enquanto estivermos nos prendendo aos hábitos e valores meramente culturais do Oriente ou do Ocidente.

As diferenças bem marcadas entre o Ocidente e o Oriente estão se dissolvendo em um ritmo nunca antes presenciado. Vivemos em um mundo onde a globalização está levando todos nós aos mesmos problemas e às mesmas promessas. De Nova Déli a Toronto ou San Antonio, estamos todos falando uns com os outros usando Skype, compartilhando coisas via Facebook, fazendo negócios, assistindo aos mesmos vídeos bobos no YouTube e bebendo nosso café na Starbucks. Também estamos sofrendo os mesmos ataques de pânico e depressão, por mais que, enquanto talvez eu tome Valium, você talvez use fitoterapia chinesa para tentar conter esses problemas.

Mesmo assim, cada cultura tem o seu próprio conjunto de olhos e de ouvidos, pelos quais percebe e interpreta o mundo. Precisamos averiguar o impacto da psicologia, da história e da língua de cada sociedade, enquanto nos esforçamos na direção de manter uma linhagem genuína do despertar budista em nosso solo. Uma coisa é a cultura dar boas-vindas a uma novidade, a uma tradição espiritual curiosa, outra é mantê-la viva e fresca. Quando essa tradição começa a envelhecer, a se tornar lugar-comum, podemos ficar cegos e surdos perante a sua mensagem e o seu poder. É igual a qualquer outra coisa a que prestamos respeito externamente, mas a que damos pouca atenção. Quando perdemos nossa conexão sincera e de coração com alguma coisa, seja uma velha coleção de revistas em quadrinhos, seja um anel de casamento ou as crenças espirituais que nos acompanharão no momento da morte, é porque essa coisa se misturou com o ruído de fundo de nossa vida.

É por isso que, ao longo das eras, o budismo tem uma história de revolução e renovação, de testar e desafiar a si próprio. Se a tradição não está levando o despertar e a liberdade àqueles que a praticam, então a sua filosofia não está sendo verdadeira ou não está vivendo o seu pleno potencial. Não há nenhum despertar nas formas culturais que se dissociaram da sabedoria e das questões práticas que as originaram. Essas formas culturais acabam tornando-se ilusões e viram parte do drama da cultura religiosa. Embora possam nos fazer felizes temporariamente, não podem nos libertar do sofrimento. Devido a isso, em um dado momento, tornam-se fonte de decepção e de desencorajamento, e chega o dia em que essas formas acabam inspirando nada mais do que uma resistência à sua autoridade.

MAIS DHARMA, MENOS DRAMA

Ao crescer em uma instituição monástica, na parte indiana do Sikkim, cercado de refugiados de etnia tibetana e por povos tribais das regiões dos himalaias da Índia, do Nepal e do Butão, experimentei tanto a riqueza quanto os desafios de viver em uma cultura heterogênea, em que diversas crenças coexistem. Contudo, só quando fui para Nova York, aos 14 anos, e quando estudei na Universidade de Columbia, aos 20 e poucos anos, vivenciei um multiculturalismo verdadeiramente global e uma grande diversidade de religiões. Acho que foi naquela primeira viagem, em que muito afortunadamente viajei com o meu professor, Sua Santidade o XVI Karmapa, em sua turnê pelos Estados Unidos, em 1980, que o meu destino foi selado na direção de me tornar o cidadão norte-americano que hoje sou.

Os desafios culturais que vejo na América do Norte não são tão diferentes daqueles que encontrei na Europa, na Ásia ou nas comunidades de montanhas dos Himalaias, onde os valores budistas são mais cuidadosamente preservados. Devido a seu poder para o bem ou para o mal em nossas vidas, precisamos examinar sinceramente as nossas tradições culturais e o lugar que damos a elas em nossa sociedade. Por um lado, há formas culturais que retêm a sabedoria das gerações anteriores e funcionam como importantes fontes de conhecimento. Por outro lado, há as formas culturais que não retêm qualquer parte da sabedoria que porventura detiveram anteriormente e nas quais não há nenhuma compaixão. Da noção de castas intocáveis na Índia ao governo feudal do Tibete no século XIX, da queima de bruxas na Europa à escravização de africanos na América — práticas dolorosas e injustas, destituídas de qualquer sensibilidade ou sabedoria e que sobreviveram incontestadas por muito tempo. Quando nossos pensamentos e ações são ditados por fortes pressões moldadas por valores indevidos — sociais, religiosos ou culturais

—, podemos ficar presos em âmbitos desafortunados, de onde sabemos que só virá mais sofrimento e mais aprisionamento. A sabedoria verdadeira é livre dos dramas da cultura ou da religião, e deve trazer apenas a sensação de paz e de felicidade.

Ainda assim, muito frequentemente nos viciamos em nossos dramas e tememos a verdade. Se quisermos assistir a um verdadeiro drama, não precisamos ligar a TV — ele está bem aqui em nossa vida, repleta de emoções, ansiedade e depressão. E se quisermos fofocar sobre esse drama, não precisamos ir para o *chat*. A fofoca está bem aqui, em nossos pensamentos. Mesmo atualmente, quando possuímos tantos recursos materiais, tantos confortos, entretenimentos e distrações, disponíveis 24 horas por dia, sete dias por semana, descobrimos que não podemos chegar ao fim do dia sem nos sentirmos um pouco deprimidos e não sabemos como desfrutar de nossas circunstâncias sem nos sentirmos culpados. Mesmo quando temos um dia quase perfeito, perguntamo-nos: eu mereço mesmo isso? Será que trabalhei o suficiente por isso? Onde há drama autocentrado, há sofrimento. E assim segue, indefinidamente, até que ultrapassemos esse drama, percebendo o Dharma de quem realmente somos.

NADA ACONTECE

Quando estudei na Universidade de Columbia e meus professores me pediram para que eu me apresentasse a meus colegas, eu não sabia o que dizer. Eu não sabia quem eu realmente era. Será que eu era tibetano, por causa dos meus pais, ou indiano, por ter nascido na Índia? Ou será que eu não era nenhuma dessas duas coisas — talvez uma pessoa sem nacionalidade? Tendo imigrado primeiro para o Canadá e depois para os Estados Unidos, para onde retorno depois de minhas viagens à Índia, tudo me parece um pouco estrangeiro. Minhas conversas com amigos e colegas do passado são diferentes. Nem sempre compartilhamos o mesmo senso de humor ou as mesmas referências cotidianas, e nossos valores parecem mudar o tempo todo. E lá vou eu de novo: um estrangeiro no país onde nasci, um desconhecido para os meus velhos amigos. Embora não seja surpreendente que eu me sinta estrangeiro em uma feira no interior dos Estados Unidos, é surpreendente que eu me sinta um forasteiro na terra onde cresci. Os únicos locais onde agora me sinto não ser notado e onde me percebo normal é nos metrôs e nas ruas de Nova York; na minha primeira morada na América do Norte, o centro de Vancouver; e no meu apartamento de subsolo em Seattle, onde o dia começa com uma xícara de café e termina com o Colbert Report à noite. Quem sou eu de fato? O que aconteceu comigo? Como o XVI Karmapa disse, certa vez: "Nada acontece." Logo, talvez nada realmente tenha acontecido comigo. O fato é que, de acordo com alguns, sou da Geração X e um súdito leal do BlackBerry, mas a verdade é que sou um rebelde sem uma cultura própria, a caminho de encontrar o Buddha que sei que está dentro de mim.

Minha intenção, ao compartilhar essa jornada da mente e da cultura nestas páginas, é transmitir a mensagem do Buddha sobre a verdade de quem realmente somos, além das aparências. É um conhecimento que vale a pena buscar. Ele nos guia à liberdade e a liberdade nos conduz à felicidade. Possamos todos vivenciar a perfeita felicidade e que ela, por sua vez, libere o sofrimento do mundo.

Buddha rebelde

QUANDO OUVIMOS a palavra "buddha", o que nos vem à mente? Uma estátua dourada? Um príncipe jovem sentado sob uma árvore suntuosa? Ou quem sabe Keanu Reeves, no filme *O pequeno buddha*? Monges de cabelo raspado em suas vestes monásticas? Podemos fazer muitas associações ou nenhuma. A maioria de nós está bem longe de qualquer conexão condizente com a realidade.

A palavra "buddha", no entanto, significa simplesmente "desperto" ou "acordado". Não se refere a uma figura histórica particular, ou a uma filosofia ou religião. Refere-se à própria mente. Sabemos que temos uma mente, mas como ela é? É desperta. E com isso não quero dizer apenas que ela "não está dormindo". Quero dizer que a mente é realmente desperta, além de nossa imaginação. Nossa mente é brilhantemente lúcida, aberta, espaçosa e cheia de qualidades excelentes: amor incondicional, compaixão e sabedoria, que nos fazem perceber as coisas como elas realmente são. Em outras palavras, nossa mente desperta é sempre uma boa mente, nunca está turva ou confusa. Nunca é atribulada por dúvidas, medos e emoções que muitas vezes nos torturam. Pelo contrário, nossa verdadeira mente é alegre, livre de todo sofrimento. É isso que realmente somos. Essa é a verdadeira natureza de nossa mente e da mente de todos os outros. Mas nossa mente não fica apenas parada sendo perfeita, sem fazer nada. Ela está brincando o tempo todo, criando os nossos mundos.

Se isso é verdade, então por que a nossa vida e todo o mundo não são perfeitos? Por que não somos felizes o tempo todo? Por que em um momento estamos rindo e em outro estamos desesperados? E por que pessoas supostamente "despertas" discutiriam, brigariam, mentiriam, enganariam, roubariam e fariam guerras? O motivo é que, embora o estado desperto seja a verdadeira natureza da mente, a maioria de nós não o reconhece. Por quê? Algo se interpõe. Algo bloqueia a nossa percepção. Claro, percebemos partes do estado desperto aqui e ali, mas, no momento em que o reconhecemos, repentinamente surgem outras coisas em nossa mente — Que horas são? Está na hora do almoço? Ah, veja, uma borboleta! — e, assim, nosso discernimento se dissipa.

Ironicamente, o que bloqueia a nossa visão da verdadeira natureza da mente — nossa mente de buddha — é a própria mente, a parte dela que está sempre ocupada, que está constantemente envolvida em um fluxo contínuo de pensamentos, emoções e conceitos. Essa mente ocupada é o que acreditamos que somos. Ela é mais fácil de enxergar, como o rosto de uma pessoa sentada bem à nossa frente. Por exemplo, o pensamento que você está tendo agora pode ser óbvio para você, ainda que não o seja para a sua consciência. Quando você sente raiva, presta mais atenção ao que o irrita do que à própria fonte de sua irritação. Em outras palavras, você percebe o que a sua mente está fazendo, mas não vê a própria mente. Identificamo-nos com os conteúdos dessa mente ocupada — pensamentos, emoções e ideias — e acabamos pensando que todas essas coisas são nosso "eu" e que "somos assim".

Quando fazemos isso, é como dormir e sonhar acreditando que as imagens no sonho são verdadeiras. Se, por exemplo, sonhamos que estamos sendo perseguidos por um desconhecido, isso nos é muito assustador e real. Porém, no momento em que acordamos, tanto o desconhecido quanto os nossos sentimentos de medo simplesmente desaparecem e sentimos um grande alívio. Além disso, se já soubéssemos que estávamos apenas dormindo em nossa cama, não teríamos sentido medo algum.

Da mesma forma, em nossa mente comum, somos sonhadores que acreditam que os seus sonhos são reais. Acreditamos que estamos acordados, mas não estamos. Pensamos que essa mente ocupada com pensamentos e emoções é quem realmente somos. Mas, quando acordamos, os enganos sobre quem somos — e o sofrimento que essa confusão cria — desaparecem totalmente.

UM REBELDE INTERIOR

Se pudéssemos, provavelmente permaneceríamos completamente mergulhados nesse sonho que se passa por vida cotidiana, mas algo segue nos cutucando em nosso sono. Não importa o quão confuso ou perplexo fique o nosso sonolento eu, ele está sempre conectado com o estado desperto completo. Esse estado tem uma qualidade nítida e penetrante. Nossa inteligência e nossa consciência lúcida são dotadas da capacidade de ver quem realmente somos, indo além de qualquer coisa que bloqueie a nossa visão — essa é a verdadeira natureza de nossa mente. Se, por um lado, estamos bastante acostumados com o sono e satisfeitos com ele, por outro, nosso eu desperto está sempre nos sacudindo e acendendo a luz, digamos assim. Isso que está acordado em nós, a mente verdadeira e desperta, quer sair das limitações do sono, quer emergir da ilusão que se passa por realidade. Enquanto estamos confinados em nossos sonhos, ela enxerga o potencial para a liberdade. Então, ela provoca, cutuca, sacode e nos instiga, até que tomemos uma atitude. Pode-se dizer que temos um rebelde morando dentro de nós.

Quando pensamos nos rebeldes políticos ou sociais — contemporâneos ou históricos, famosos ou desconhecidos —, pessoas que lutaram e que estão lutando pela causa da liberdade e da justiça, pensamos neles como heróis: dos patriarcas da Revolução Norte-Americana a Harriet Tubman, Mohandas Gandhi, Martin Luther King Jr., Aung San Suu Kyi e Nelson Mandela. Hoje, ficamos assombrados com a sua coragem, compaixão e impressionantes conquistas. Ainda assim, esses idealistas e reformadores são sempre considerados agitadores por aqueles que eles desafiam. Suas ideias e intenções, e até mesmo a associação de qualquer pessoa com eles, nem sempre são bem-vindas. Aparentemente, os rebeldes são uma faca de dois gumes — bons para mostrar no cinema, mas, na vida real, deixam-nos nervosos. É difícil ignorá-los: continuam a fazer as perguntas que ninguém faz; não ficam satisfeitos com verdades parciais ou meias respostas; recusam-se a seguir convenções que os controlariam ou que os aprisionariam, ou que aprisionariam as pessoas em suas sociedades. O seu caminho para a vitória segue em território turbulento. Mas o seu caráter rebelde não é facilmente desencorajado. Compromisso com uma causa — uma visão mais ampla de como as coisas deveriam ser: esse é o sangue que corre em suas veias.

No caminho espiritual, a rebelião é a voz de nossa mente desperta. É a inteligência lúcida e afiada que resiste ao *status quo* de nossa confusão e de nosso sofrimento. Como seria esse buddha rebelde? É um agitador de proporções heroicas. O buddha rebelde é o renegado que nos faz trocar nossa aliança com o sono pela aliança com o estado desperto. Isso significa que temos o poder de acordar nosso eu de sonho, o impostor que finge ser quem realmente somos. Temos a chave para abrir todas as amarras e todos os grilhões que nos prendem ao sofrimento e à confusão. Somos líderes da nossa própria liberdade. Por fim, a missão do buddha rebelde é instigar uma revolução da mente.

BUDDHAS COMUNS

Este livro trata de um caminho para a liberdade descrito pelo buddha histórico, o Buddha Sakyamuni, 26 séculos atrás. Há muitas histórias belas e eloquentes sobre o nascimento do Buddha, sobre sua vida e sobre a maneira através da qual ele atingiu o estado iluminado. Algumas pessoas tratam o Buddha como um homem comum que teve uma vida extraordinária. Outros o têm como uma espécie de super-homem espiritual, um ser divino cujas ações mostraram como pessoas comuns podem atingir a mesma liberdade que ele encontrou.

Na verdade, os elementos básicos da vida do Buddha não são tão diferentes dos elementos de nossa vida, exceto pelo fato de que, diferentemente da maioria de nós, ele nasceu em uma influente família monárquica. Ao examinarmos a primeira parte da vida do Buddha Sakyamuni — quando era conhecido simplesmente como Siddhartha —, vemos a luta de um jovem por independência e liberdade, perante a autoridade de seus pais e da sociedade. De certa forma, é a velha história do menino rico que foge de casa:

> Siddhartha, o futuro Buddha, nasceu filho único do rei e da rainha dos Sakyas, um reino no Norte da Índia. Encontrou uma vida protegida e cheia de luxos, controlada bem de perto pelos pais, que só aguardavam o dia em que o jovem príncipe sucederia o pai ao trono. Ele tinha todas as vantagens, os privilégios e os confortos que se possa imaginar — um palácio fabuloso, roupas de estilista, servos e fantásticas festas entre celebridades e lobistas. Mas Siddhartha não estava feliz com uma vida só de posses materiais, *status* social e poder político. Ele ansiava encontrar o sentido e a finalidade da vida em face ao que nos aguarda: doença, velhice e morte. Por um tempo se esforçou em satisfazer as expectativas de seus pais, mas finalmente decidiu que precisava seguir o próprio rumo. Na calada da noite, saiu do palácio, sozinho, e trocou o conforto e a proteção por um destino desconhecido.

Se transpusermos esse conto ancestral para a Nova York de hoje, obteremos uma história norte-americana moderna:

> Um rico e influente casal aguardava o nascimento de seu primeiro filho. Compreendendo os perigos e as dificuldades do

mundo moderno, eles se comprometeram a utilizar a sua riqueza e a sua influência para que a vida de seu filho fosse tão segura e fácil quanto possível. Antes mesmo de nascer, ele já estava inscrito na mais exclusiva pré-escola. O filho recebeu um nome longo e ilustre, que ecoava a grandeza de sua linhagem familiar, mas os seus amigos o chamavam de Sid. Ele cresceu em meio ao círculo da elite social e política de Nova York, com todos os privilégios que isso implica. Seus pais tinham em mente um destino especial para ele e até imaginaram seu casamento com a filha do senador...

Não nos surpreenderíamos se descobríssemos que Sid decidiu formar uma banda de rock, ir de mochila nas costas para o Alasca ou sair sem destino, pedindo carona para ver onde iria chegar. É assim com qualquer jovem ou com qualquer pessoa de coração jovem. Não interessa qual é a nossa situação: seja ela comum ou extraordinária, queremos descobrir o nosso caminho, queremos encontrar o sentido último de nossa vida.

Pela história, sabemos que o príncipe Siddhartha teve sucesso em sua busca, mas não sabemos o que acontecerá com Sid, nosso amigo dos tempos modernos. Apenas lhe desejamos o melhor. A questão aqui é o fato de que, no momento da partida, nenhum deles sabe o que trará o futuro. Ambos assumem um sério risco, abandonam a segurança e o mundo conhecido, dando um salto rumo ao desconhecido. Mas é tão natural para Sid aceitar esse risco como foi para Siddhartha pular a cerca do palácio. O impulso em direção à liberdade é uma parte essencial de nossa constituição, não é domínio exclusivo de seres especiais ou de homens em trajes diferentes, vindos de tempos longínquos e de terras exóticas. O desejo por liberdade é um bem comum. E, de fato, a principal característica do povo norte-americano é muitas vezes descrita como o "amor pela liberdade" — pelo menos é isso que se ouve no noticiário —, mas, se caminhamos pelas ruas de qualquer cidade moderna, encontraremos o mesmo espírito, especialmente entre os jovens.

Sem dúvida, a juventude norte-americana contribui para essa famosa natureza de amor pela liberdade. Com exceção dos povos nativos, todos os que vivem hoje por aqui são recém-chegados da Europa, da Ásia ou da África. Embora, atualmente, a maioria de nós esteja um tanto desligada de nossas raízes étnicas e alguns as tenham até mesmo esquecido completamente (acreditando que somos simplesmente "americanos"), em algum sentido, o que há de melhor e único em relação à América é justamente essa ancestralidade globalizada, esse espírito pioneiro e esse caráter independente para o qual todo o mundo parece ter contribuído.

Esse caldeirão chamado América é o lar de revolucionários, de inventores, de livres pensadores e de visionários, bem como é o lar de pragmáticos e de puritanos. Artistas de vanguarda e músicos pegam o metrô ao lado de banqueiros e trabalhadores assalariados. Oficialmente, todos são bem-vindos. As reuniões de família norte-americanas são tão tensas que saem faíscas — aconteçam elas em nossas casas ou nos palcos nacionais, sendo documentadas pela CNN e pelo Entertainment Weekly. Mas, quando as fagulhas dessa fricção de opostos se dão em uma atmosfera de abertura, isso faz toda a diferença. Assim, em vez de um mero atrito, acabamos em uma dança que gera uma energia muito criativa. Ao testar os limites, desafiando ao extremo antigos conceitos, o que antes era impensável torna-se o padrão. Por exemplo, não faz muito tempo, ninguém sonhava em apertar um interruptor e com isso fazer surgir luz, muito menos em assistir a imagens longínquas na televisão ou em navegar no ciberespaço. Bem recentemente, nos anos 1960, ficamos maravilhados ao ver, da nossa sala de estar, um homem caminhando na lua e fazendo a sala ficar tão pequena.

CHEGANDO ONDE ESTAMOS INDO

Da mesma forma que os cientistas buscam, constantemente, desvendar os segredos do mundo externo para descobrir a natureza da realidade, Siddhartha sonhava em desvendar os segredos do mundo interno da mente. Quando saiu do palácio, deixou para trás a jovem esposa, um filho e a sua vida de luxo. Estava determinado a domar a ignorância e encontrar a realidade cara a cara. Foi para a floresta, sem nenhuma garantia de que teria um teto sobre si, meios de se sustentar ou alguém que pudesse protegê-lo.

Naquele momento, a sociedade indiana passava por um momento interessante. A estrutura social era muito rígida: um sistema de castas decidia que lugar alguém tinha na sociedade, quais os deveres, a ocupação e até a posição espiritual, tudo isso determinado no nascimento. Por outro lado, era também um tempo de intensa agitação. Filósofos e intelectuais estavam sempre promovendo debates entusiasmados, que produziram várias tradições espirituais bem diferentes umas das outras. Jovens começaram a se encontrar na floresta, reunindo-se em grupos que existiam à margem da sociedade. Siddhartha também o fez, acabando por estudar com dois dos mais renomados sábios da floresta. Porém, ele logo superou a compreensão de seus professores e foi se unir a um grupo de cinco praticantes de ascetismo. Cada vez mais determinado a atingir o seu objetivo, ele abandonou todos os confortos. Assumiu a prática torturante dos ascetas, que incluía passar fome para transcender o corpo físico e exaurir os desejos da mente. Depois de seis anos dessa prática, Siddhartha chegou bem próximo da morte. Nesse momento, ele abandonou a crença de que esse caminho de privação intensa o levaria à liberdade e tombou à beira de um rio.

Embora não soubesse disso, Siddhartha estava muito próximo de seu objetivo. Uma jovem que levava uma tigela de arroz de leite passou por ali e lhe ofereceu o alimento. Ele o aceitou, quebrando o seu jejum de seis anos. Quando viram a cena, seus cinco irmãos ascetas pensaram que Siddhartha havia abandonado a disciplina. Furiosos, fizeram um voto de nunca mais falar com ele e foram embora. Siddhartha contemplou a sua situação, enquanto aos poucos recuperava a força. Ele percebeu que tanto a sua vida mimada no palácio quanto a sua vida de automortificação na floresta não o levariam à liberdade. Eram dois caminhos extremos e o apego a quaisquer extremos era um obstáculo. O caminho verdadeiro estava no meio, entre os extremos. Ao reconhecer isso, ele estava pronto para um empurrãozinho final. Sentou em uma almofada de grama, sob as acolhedoras folhagens de uma árvore, e fez um voto pessoal de ficar naquele lugar até que soubesse a verdade sobre a sua mente e sobre o mundo.

Siddhartha meditou por 49 dias e, aos 35 anos de idade, atingiu a liberdade que buscava. A sua mente se tornou expansiva e aberta. Ele enxergou a verdade do sofrimento de todos os seres e a causa desse sofrimento. Enxergou que a liberdade é uma realidade ao alcance de todos e também como atingi-la. Tornou-se conhecido como Buddha, O Desperto, e ofereceu ensinamentos a todos que se aproximavam, nos 45 anos subsequentes. Outras pessoas seguiram as suas instruções. Atingiram a liberdade e, assim, uma linhagem de despertar se iniciou.

Mas isso aconteceu naquela época. Como seria hoje? O que aconteceu com Sid? O que aconteceu com os seus sonhos? Se ele souber para onde deseja ir, precisará apenas de um mapa e do acesso a alguém que já tenha estado nesse lugar. Muitas rotas se assemelham e é fácil confundir-se ao longo do caminho. Algumas rotas mudam de direção, outras simplesmente se acabam. Sid pode começar na direção do Alaska e acabar em um bar de blues em Chicago, ou no subúrbio com uma esposa e três filhos. Pode se tornar um escritor, um cientista ou o presidente dos Estados Unidos. Ou pode começar um novo movimento, uma revolução da mente e inspirar uma geração. Há possibilidades infindáveis para cada um de nós.

O que devíamos saber

JÁ QUE ESTAMOS FALANDO sobre o caminho espiritual budista como uma rota para a liberdade, devemos nos perguntar: liberdade em relação a quê? Como é essa liberdade? Em outras palavras, precisamos descobrir o que Buddha disse sobre o início e sobre o fim de nossa jornada. Depois disso, após uma criteriosa análise, poderemos verificar se isso se sustenta e se esse é o caminho correto para nós.

Algumas vezes, pensamos que liberdade significa apenas estar livre de qualquer controle externo — poderíamos fazer o que quiséssemos, quando quiséssemos. Ou talvez pensemos que ela significa não sermos controlados pelas forças psicológicas internas, que inibem a livre expressão de nossos sentimentos. Mas essas são liberdades parciais. Se não são acompanhadas por inteligência e bom senso, acabamos simplesmente agindo impulsivamente, soltando as rédeas de nossas emoções. Podemos ficar excitados e nos sentir liberados por liberdades desse tipo por um tempo, mas a sensação dura pouco e geralmente seguem-se ainda mais dor e confusão. Podemos também pensar que liberdade significa ter uma escolha. Assim, estaríamos livres para escolher o que fazer com a nossa vida, com o nosso tempo e o nosso dinheiro. Poderíamos escolher com sabedoria ou por tolice, mas pelo menos a escolha seria nossa.

Essa "liberdade", porém, é apenas uma fachada: acabamos fazendo as mesmas coisas sempre do mesmo jeito, seguimos dia após dia com as mesmas atitudes e reagimos sempre da mesma forma. Tendo um espírito libertário ou tradicionalista, tendo uma personalidade A ou B, nossas ações seguem previsíveis. Quando olhamos mais fundo para ver o que está acontecendo, já que estamos tão infelizes, vemos a mesma história se repetindo vez após vez. Se brigamos com o nosso chefe no trabalho, provavelmente acabamos brigando em casa, com o nosso companheiro ou com os nossos filhos. Nós nos esforçamos, usando dos mesmos padrões inconscientes de agressão, desejo, ciúmes ou negação, até que acabamos presos em uma teia que nós mesmos tecemos. É exatamente para nos libertar desses padrões habituais, que dominam as nossas vidas e que dificultam enxergarmos o estado desperto da mente, que nos esforçamos no caminho budista.

Se estamos interessados em "encontrar o Buddha" e em seguir o caminho espiritual que ele descreveu, há algumas coisas que devemos saber antes de começar. Em primeiro lugar, o budismo é principalmente um estudo da mente e um sistema para treinar a mente. Possui natureza espiritual e não religiosa. Sua finalidade é o autoconhecimento e não a salvação, a liberdade e não o paraíso. O budismo confia na razão e na análise, na contemplação e na meditação, para transformar o conhecimento de algo no conhecimento que vai além da compreensão. Mas sem a sua curiosidade e os seus questionamentos, não há caminho ou jornada a ser trilhada, mesmo que adotemos todas as formas da tradição.

Quando Siddhartha saiu do palácio em busca da iluminação, não saiu porque tinha uma grande fé em determinada religião, porque havia conhecido um guru carismático ou porque havia recebido um chamado de Deus. Ele não saiu porque estava trocando um sistema de crenças por outro, como um cristão que se torna hindu ou um republicano que se torna democrata. Sua jornada começou simplesmente pelo seu desejo de conhecer a verdade sobre o sentido e sobre a finalidade da vida. Ele buscava algo sem saber exatamente o quê.

O QUE ESTAMOS BUSCANDO?

Por que qualquer um de nós adentraria em um caminho espiritual, nos dias de hoje? O que estamos buscando? Não interessa se a inquietação é o sofrimento de forma geral ou um desejo de conhecer, temos questionamentos profundos o tempo todo. Por que saímos da cama quando soa o alarme, às 6h30? O que se passa por nossa mente quando desligamos a luz, à meia-noite? Os questionamentos podem se perder em meio às ocupações frenéticas da vida, mas nunca desaparecem completamente. Se repararmos neles e os examinamos de tempos em tempos — quando estamos servindo nossa primeira xícara de café ou esperando em um sinal vermelho —, começaremos a encontrar uma vida além dessa mera ocupação da vida. Não precisamos esperar até que a vida se torne instável — até que estejamos encarando a dor da depressão, da decepção, da perda ou do medo da morte — para finalmente realizar questionamentos de natureza espiritual. Só precisamos aceitar e permitir que os questionamentos sejam reconhecidos. Precisamos dizer a eles: "Vocês são importantes para mim, neste momento."

Para descobrir nossos verdadeiros questionamentos, só precisamos dar um tempo a eles. Parar de antever para onde vamos ou rever de onde viemos. Quando paramos, surge uma sensação de não ir a lugar algum, uma sensação de intervalo que é um alívio imenso. Podemos simplesmente respirar e ser o que somos. Ao mesmo tempo, há uma sensação de "o quê"? E talvez seja essa a primeira pergunta a fazer. Só fique aí com esse "quê?" e uma abertura na mente. Esse "quê?" é uma porta aberta. Algo vai passar por aí. Pode ser uma resposta ou outra pergunta. Não precisamos fazer mais nada, apenas ficar aí e receber o que vier.

No início, podemos achar que possuir muitas dúvidas é um indício de ignorância. Quanto mais perguntas, menos sábios, quanto mais respostas, mais sábios. Porém, saber claramente o que não se sabe já é uma forma de sabedoria. A ignorância real é não saber o que você não sabe. Quando achamos que sabemos algo que não sabemos, isso pode levar a uma espécie de sabedoria de faz de conta, uma sensação imaginária de conhecimento que não tem poder nenhum de nos libertar da confusão.

Quando nossos questionamentos são sinceros e honestos, e não apenas perguntas que fazemos para nos sentirmos inteligentes ou passar uma boa impressão, essa mente questionadora torna-se o começo da jornada espiritual. Ainda assim, precisamos aprender a trabalhar habilmente com os questionamentos. É um processo que leva tempo e que necessariamente gera dúvida e ceticismo. Se aceitamos tudo o que aparece, onde está a nossa inteligência? O que precisamos é de dúvida e ceticismo inteligentes, pois eles nos protegem contra as visões equivocadas e a propaganda. Além disso, uma dose saudável de dúvida e ceticismo nos levará a produzir questionamentos claros e preciosos. A dúvida só se torna negativa quando segue e nunca encontra um fim. Se nunca superamos a incerteza, nunca atingimos um certo grau de compreensão, podemos acabar nos sentindo um pouco malucos e paranoicos. A dúvida nos leva ao conhecimento autêntico e a confiança, no final das contas, mostra-se a própria sabedoria.

O QUE ESTAMOS FAZENDO AQUI?

Neste caminho, estamos buscando um conhecimento importante: queremos saber quem somos e por que as coisas acontecem conosco. Também queremos entender nossa relação com o mundo e também por que as coisas acontecem com as outras pessoas. Mesmo que não estejamos tão preocupados em benefício próprio, podemos nos importar muito no que diz respeito a outra pessoa — uma criança inocente maltratada, um amigo em crise, um vilarejo destruído pela natureza, uma espécie extinta pela ação da humanidade. Além de conseguirmos chegar à idade de nossos filhos nos colocarem em um asilo, com o que mais nos preocupamos? Podemos contemplar questões vastas desse tipo para obter inspiração, mas é melhor começarmos de onde estamos, pertinho de casa, da mente, de nossa vida. Se pudermos descobrir uma questão importante bem onde estamos, ela provavelmente também se aplica a outras pessoas — e talvez essa questão se aplique até mesmo ao movimento dos planetas. Nunca se sabe.

Uma questão espiritual é, em primeiro lugar, uma questão que colocamos a nós mesmos e que processamos a sós. Da mesma forma como nossas respostas vêm do interior, também de lá vêm nossos questionamentos. Eles vêm do mesmo lugar. Todos os questionamentos estão ligados a algo que já sabemos. Cada pergunta levará a uma resposta, que levará a mais questionamentos e assim por diante. Enquanto nossa compreensão cresce, nossos questionamentos se tornam mais claros e nossas respostas mais significativas. É assim que funciona o caminho espiritual.

Em algum momento, estaremos certos de termos atingido uma compreensão completa de nosso questionamento. Reconheceremos isso porque não será uma resposta vinda de outra pessoa, mas de nós mesmos. Devemos seguir nos questionando até atingir esse ponto. Mas como saber se paramos de buscar antes de atingir esse grau de certeza? Um indicativo de que isso aconteceu é passarmos a buscar as respostas em outra pessoa. Isso interrompe a nossa busca. Nesse momento, a mente questionadora para.

É verdade que os outros podem nos ajudar, mas isso não quer dizer que haja alguém lá fora que possa nos dar todas as respostas. Até certo ponto, podemos confiar nos ensinamentos do Buddha e também em nossos amigos espirituais. O conhecimento que vem de fontes que respeitamos pode nos ajudar a clarear e a refinar a nossa compreensão, mas isso não significa aceitar completamente o que alguém diz e, por isso, interromper a busca, tampouco encerrar o assunto, ao ouvir respostas de alguém que consideramos como uma autoridade. A descoberta e a compreensão da verdade não nos ajudará, se não nos conectarmos efetivamente com elas. Se a experiência dos outros não está de acordo com a nossa, então ela não nos serve de nada, independentemente do quão profunda essa verdade possa ser para eles.

Em um determinado ponto, chegamos a uma espécie de questão final — uma sensação de incerteza ou dúvida que fica conosco por um tempo. No momento em que chegamos a esse questionamento muito bem delineado, já cruzamos boa parte da trilha. Ao chegarmos a esse ponto, já teremos respondido centenas ou milhares de outras questões. Obter uma questão muito clara significa saber perfeitamente o que não sabemos. Agora, temos uma questão que podemos colocar diante dos professores ou diante dos textos. Por outro lado, se perguntamos a um professor algo que não nos está bem claro, então nada do que ele ou ela possa dizer nos ajudará. Se estamos apenas procurando respostas de qualquer tipo, encontramos milhares de livros — budistas, cristãos, da nova era e assim por diante — que respondem a todos os tipos de questionamentos. No entanto, se a pergunta continua vaga, nenhum dos fatos apresentados nesses livros esclarecerá coisa alguma.

A sabedoria que buscamos não é uma resposta que podemos obter de uma figura religiosa ou de um especialista em algum assunto que nos diga o que pensar. Sabedoria é encontrar uma questão verdadeira. Quando a encontramos, não devemos apenas tentar respondê-la imediatamente. Devemos ficar com ela por um tempo, fazer amizade com ela. Vivemos em tempos instantâneos — de mensagens instantâneas, de fotos postadas instantaneamente, de *fast-food* — e a nossa mente está acostumada à gratificação imediata. Acabamos frustrados, porém, se tentamos levar esse tipo de expectativa para o caminho espiritual. Alguns de nossos questionamentos não podem ser respondidos imediatamente. Precisamos de paciência, como a paciência que os cientistas têm com os seus experimentos, diligentemente avaliando e verificando as suas descobertas.

UM ENFOQUE CIENTÍFICO

Muitas vezes misturamos espiritualidade e religião, como se fossem uma coisa só. Isso não funciona muito bem. Um caminho espiritual pode existir dentro ou fora de um contexto religioso. A religião e a espiritualidade podem ser complementares, como práticas e experiências separadas. Um caminho espiritual é uma jornada interior, que começa com questionamentos sobre quem somos e sobre a natureza e o sentido de nossa existência. Naturalmente, trata-se de um processo de introspecção e de contemplação.

A religião, como geralmente é definida, refere-se a um conjunto de crenças sobre a causa e a natureza de nosso universo, sobre o nosso relacionamento com a criação, com o criador e com a fonte da autoridade espiritual. Podemos aceitar essas crenças como elas se apresentam ou explorar e examinar nossas experiências em meio a elas. Algumas religiões encorajam esses questionamentos, enquanto outras os desencorajam, explícita ou implicitamente. O que importa é possuirmos clareza sobre o que de fato estamos realizando em nossa vida espiritual ou religiosa.

Embora o budismo possa ser praticado religiosamente, em muitos sentidos, ele não é uma religião. Devido à sua ênfase no questionamento e no trabalho com a mente, ele é de natureza espiritual. Contudo, por confiar na análise lógica e no raciocínio, bem como na meditação, muitos professores budistas consideram o budismo uma ciência da mente e não uma religião. Em cada sessão de meditação, obtemos conhecimentos sobre a mente através da observação, do questionamento e da experimentação. Fazemos isso vez após vez e, gradualmente, desenvolvemos um bom nível de compreensão de nossa mente. Algumas pessoas podem, por esse processo, até mesmo se cansar do budismo, pois ele dá muito trabalho — precisamos realizar todos os questionamentos e encontrar todas as respostas por nós mesmos.

A alternativa diante da tomada dessa responsabilidade é deixar que a religião faça o trabalho por nós. A maioria de nós abandona pelo menos parte de nossa inteligência crítica, não fazendo tantas perguntas. Mas também podemos ir até o fim, abandonar todos os questionamentos e assim nos tornarmos religiosos fundamentalistas de um ou outro tipo. Dessa forma, ficaríamos livres de todas as preocupações sobre o que e por que pensar.

Não importa como rotulemos os ensinamentos do Buddha — como religião ou como caminho espiritual —, o corpo de conhecimentos contido nas escrituras budistas não foi planejado para substituir o nosso processo de questionamento. Ele é mais como um laboratório de pesquisa bem equipado, onde podemos encontrar ferramentas de todos os tipos para investigarmos a própria experiência. De fato, algumas visões budistas podem até ser vistas, em alguns contextos, como antirreligiosas. Para começar, trata-se de uma tradição não teísta. Na perspectiva budista, não há uma entidade sobrenatural que existe fora de nossa mente. Não há um ser ou força que tenha o poder de controlar a nossa experiência ou dela criar um céu ou um inferno. Essa capacidade só existe em nossa mente. Mesmo seres iluminados como o Buddha não têm o poder de controlar a mente dos outros. Eles não podem criar um mundo melhor ou pior para nós, ou dissipar a nossa confusão. A nossa confusão é criada pela nossa mente e só ela pode transformar a si própria. Assim, a entidade mais poderosa no caminho espiritual budista é a mente.

A coisa mais próxima da noção de um deus no budismo é, provavelmente, o estado de iluminação. Mas até mesmo a iluminação é considerada uma realização humana: o desenvolvimento da consciência ao seu estado mais elevado. O Buddha ensinou que todos os seres humanos têm a capacidade de alcançar esse nível de realização. Essa é a diferença entre o enfoque das tradições teístas e não teístas. Se eu disser "quero me tornar Deus", isso vai soar como uma loucura ou mesmo como uma blasfêmia para um teísta, sendo considerado um pensamento muito ambicioso e egocêntrico. Mas, na tradição budista, somos encorajados a nos tornar buddhas — a despertar.

O Buddha também ensinou outra ideia um pouco desafiadora: a noção de vacuidade. Trataremos sobre esse assunto de maneira aprofundada mais adiante, mas já podemos dizer que é a visão de que não há um eu verdadeiro e um mundo verdadeiro que existam exatamente como os vemos agora. O Buddha disse que, quando não compreendemos a vacuidade, não vemos o que realmente se apresenta — temos apenas uma visão grosseira da realidade. Do ponto de vista budista, portanto, não há um salvador, assim como não há ninguém a ser salvo.

Por mais que isso possa impressionar ou soar radical, não é muito diferente do que a ciência nos diz, atualmente, sobre o mundo subatômico. Graças à pesquisa científica, hoje sabemos que o mundo que vemos a olho nu é como uma ilusão de ótica. Sob a superfície sólida, outra coisa bem diferente se passa. Se tentarmos encontrar a substância efetiva da matéria, tudo o que encontraremos serão partículas agindo como ondas e ondas agindo como partículas. Onde qualquer uma dessas coisas está em um dado momento é apenas uma mera probabilidade. Na visão desse avançado conhecimento científico, não só a matéria e a energia se transformam uma na outra, como também é possível que haja múltiplas dimensões de algo chamado "espaço-tempo".

Quando ouvimos coisas assim sobre o universo dos cientistas, elas soam fascinantes e muito espirituais. Mas, quando ouvimos do Buddha algo parecido sobre nós mesmos, a ideia de um deus todo-poderoso ou de um reino dos céus volta a parecer muito interessante. No entanto, aquilo que inicialmente nos assusta sobre a vacuidade acaba por se tornar uma boa notícia. Quando olhamos para a vacuidade mais de perto, vemos que, na verdade, ela é totalmente recheada. Vacuidade é apenas uma palavra que descreve uma experiência, nossa mente pegando a palavra e a transformando em conceito. Se tomamos o conceito como sendo a própria experiência, perdemos a melhor parte. Por exemplo, se alguém nunca viveu o amor e tudo o que sabe sobre ele é uma definição de dicionário, certamente não terá muita noção da amplitude dessa experiência. O mesmo se dá com a vacuidade. De fato, vacuidade e amor estão relacionados. Também chegaremos a esse ponto, mais tarde. Por ora, digamos apenas que, quando unificamos vacuidade e amor, surge uma experiência que está além de cada uma dessas coisas separadas. A experiência dessa união de amor e vacuidade é o despertar do nosso coração de buddha rebelde.

AS COISAS COMO ELAS SÃO

Estamos sempre tentando ficar em dia com a realidade, com o que apenas é. Gostando ou não das coisas como são, amando ou odiando determinadas coisas, não conseguimos mudar nada em um nível mais profundo. Não conseguimos parar de ser quem realmente somos, da mesma forma que não conseguimos evitar que uma partícula subatômica seja o que ela realmente é, mesmo que ela não se encaixe em nossos conceitos. A estrutura do mundo físico está sendo constantemente reexaminada e reprojetada. Quando fazemos esses entendimentos funcionarem no mundo que tomamos como sólido, estamos mais próximos do que Buddha ensinou, 26 séculos atrás, sobre a irrealidade última e a indeterminação de todos os fenômenos.

No budismo, não estamos tentando olhar para o mundo físico por si mesmo, mas sim olhando para a mente e para o seu relacionamento com as aparências do mundo. Observamos a mente para ver o que ela realmente é e de que maneira ela reage a experiências externas de tudo o que vivencia — dos pensamentos e emoções até os próprios objetos. Para fazer isso, precisamos de um conjunto especial de ferramentas que nos leve além das limitações usuais da mente. O budismo utiliza como ferramentas a meditação e o processo de raciocínio.

De início, precisamos nos perguntar: estou disposto a abandonar o apego às minhas crenças para ver algo diferente? Estou aberto à possibilidade de uma realidade inconcebível? Nosso principal problema é que tal realidade não se encaixa em nossa experiência ordinária. Se acreditamos que os nossos sentidos e a nossa mente conceitual estão nos fornecendo uma representação completa e verdadeira do mundo e de quem somos nele, estamos apenas nos enganando. Precisamos expandir o nosso entendimento para além das nossas percepções e conceitos, que não passam de janelinhas através das quais vemos realidades parciais. Para reconhecermos um nível mais elevado de realidade, precisamos olhar por uma janela bem maior. No budismo, a análise intelectual, por um lado, e a abertura ao que está além dos conceitos, por outro, não são consideradas contraditórias. Quando somos capazes de pensar criticamente, mas permanecemos abertos a experiências que estão além do que conhecemos, começamos a ver panoramicamente.

Com base nisso, reconhecemos que o caminho espiritual budista não se encaixa perfeitamente na categoria ou na compreensão usual do que chamamos de religião, exceto talvez em um sentido acadêmico. É possível praticar budismo como uma religião tradicional, se isso nos agrada. Há igrejas budistas que promovem um senso de comunidade entre os seus membros e uma agenda regular de atividades sociais e práticas de meditação. São cultivados valores ligados a viver de forma harmoniosa e compassiva, e é cultivado um senso de reverência pelo Buddha e pelos grandes professores subsequentes. Esse também é um aspecto importante da tradição e o budismo é praticado dessa maneira em muitas partes do mundo. Contudo, a essência do budismo transcende esse formato. A essência é a sabedoria e a compaixão puras, que existem em medidas inconcebíveis dentro das mentes de todos os seres, e o caminho espiritual budista é a jornada realizada para expressar completamente essa verdadeira natureza da mente.

FÉ CEGA

Na qualidade de pessoas modernas e racionais vivendo na era da ciência, gostamos de pensar que as nossas crenças são embasadas em coisas como experiência, bom julgamento e raciocínio, não em uma fé cega. Fé cega é algo que pensamos se aplicar apenas a crianças ou a pessoas simples, ingênuas das coisas do mundo, mas se examinamos de forma honesta as nossas presunções comuns, descobrimos que muitas de nossas crenças vêm simplesmente de coisas que nos contaram e que, então, tomamos como certas. Fé cega significa aceitar sem compreender. Essa fé cega se mostra evidente no conhecimento comum por meio do qual vivemos o dia a dia.

Presumimos que as coisas são como parecem, porque todos dizem que é assim. Desde o momento em que aprendemos a falar, descobrimos que tudo tem um nome e que ele diz o que a coisa é. Não questionamos isso. Também não vemos o poder que esses rótulos têm para moldar o nosso pensamento ou limitar a nossa compreensão. Quando chamamos uma mesa de "mesa", muitas coisas estão acontecendo. Sabemos onde sentar para jantar ou onde usar o nosso computador. Ao mesmo tempo, presumimos — sem chegar a duvidar ou entrar em detalhes — que algo chamado "mesa" realmente existe. Dessa forma, nomear e rotular sempre funciona, em vários níveis. Isso nos ajuda a viver uns com os outros no mundo (com certeza, uma vantagem), mas também faz de nosso mundo algo mais pesado e sólido.

Nossa fé cega em nossa realidade mundana não é diferente de uma fé cega religiosa: alguém nos diz que o céu e o inferno existem, e logo colocamos nossas esperanças em um deles e o medo no outro. Mas o que realmente significam "céu" e "inferno"? Onde estarão? Que tipo de atos nos levam a cruzar a linha que os separa? Morrendo com 18 ou com 80 anos, seremos sempre, respectivamente, jovens ou velhos no céu? O conselho que o Buddha nos dá é desafiar a fé cega no exato momento em que ela se manifesta. Ele também aconselha que, para descobrir o que realmente está acontecendo em qualquer nível da realidade, temos de focar a nossa experiência com uma sabedoria discriminativa. É sempre bom lembrar que, em um dado momento, todos acreditavam que a Terra era plana e que o Sol girava a seu redor.

Ironicamente, a ciência moderna se tornou, de certa forma, a nossa religião coletiva. Tendemos a acreditar no que a ciência nos diz sobre a realidade física, sem pensar duas vezes. Por outro lado, quando nos falam sobre a verdadeira natureza da mente, não acreditamos nela com facilidade. Por que é fácil para nós acreditar em buracos negros, algo que não podemos vivenciar diretamente, mas duvidamos do estado desperto de nossa mente? Se por um lado podemos não ter a oportunidade de verificar pessoalmente a pesquisa dos cientistas, por outro, podemos de fato avaliar os ensinamentos do Buddha sobre a mente, em primeira mão. Em algum momento, depois de um período de questionamento, análise e meditação, podemos dizer com certeza se esses ensinamentos são ou não verdadeiros, de acordo com nossa experiência.

Um dos ensinamentos mais importantes concedidos pelo Buddha é uma afirmação simples e de bom senso, que carrega profundas implicações tanto para a nossa vida em sociedade quanto para a nossa vida espiritual. Os habitantes de um vilarejo questionaram o Buddha sobre como saber no que acreditar, já que muitos professores e eruditos promulgavam vários sistemas de crença e doutrinas conflitantes entre si. Assim, o Buddha aconselhou:

> Não acredite em nada apenas porque ouviu.
> Não acredite em nada apenas porque foi dito e repetido por muitos.
> Não acredite em nada apenas porque está escrito nos livros religiosos.
> Não acredite em nada apenas embasado na autoridade de professores e anciões.
> Não acredite em tradições apenas porque elas se mantiveram por muitas gerações.
> Mas, se após a observação e a análise, restar algo que coadune com a razão e que leve ao benefício próprio e de outros, então acate e viva de acordo com isso.[1]

O que o Buddha quer dizer é que precisamos verificar quaisquer apresentações da verdade que se pretendam genuínas. Devemos questionar o raciocínio e a lógica ali contidos, com o nosso intelecto. Devemos analisar do início ao fim, por dentro e por fora. Se descobrirmos que é bastante razoável, útil e que ajuda não só a nós como aos outros, então podemos aceitá-lo. O Buddha diz: "... então acate *e viva de acordo com isso.*" Esse ensinamento é importante, porque é possível — de fato, é bem comum — ouvir e até aceitar um ensinamento profundo sobre a compaixão e a vacuidade ou ler uma prova científica sobre o aquecimento global, mas é muito raro viver de acordo com as suas implicações. De início, ficamos muito entusiasmados, mas depois não damos prosseguimento a esses ensinamentos. Isso ocorre porque não os examinamos de forma a realmente entender o que significam. Enquanto a nossa compreensão é vaga, temos dúvidas. Então, se há alguma sabedoria ali, nunca chega a nos tocar de forma relevante.

O que Buddha quis dizer é que a solução para as nossas dúvidas não é adotar a fé cega dos crentes — nem a dos crentes budistas, que talvez seja ainda pior. Pelo contrário, há uma certeza inabalável que só surge de uma confiança completa em nossa compreensão, obtida a duras penas, sobre a natureza das coisas. Confiamos nessa compreensão, porque chegamos a ela investigando por nós mesmos. Dessa perspectiva, podemos dizer que a fé genuína é simplesmente a confiança em nós mesmos, em nossa inteligência e compreensão, confiança que se estende ao caminho que estamos trilhando. Mas precisamos encontrar o nosso próprio caminho: não há caminho "tamanho único". Descobrimos o nosso caminho particular através do exame e do questionamento, e com o nosso genuíno coração questionador. Podemos confiar na sabedoria do Buddha como exemplo, mas para abarcar a sabedoria dentro de nós mesmos, precisamos confiar em nossa mente de buddha rebelde.

Conhecendo a própria mente

Todos os ensinamentos do Buddha têm uma mensagem clara: não há nada mais importante do que conhecer a própria mente. A razão é simples — a fonte de nossos sofrimentos se encontra dentro dela. Ao sentirmos ansiedade, estresse e preocupação são produzidos pela mente. Ao ficarmos completamente desesperados, esse sofrimento também vem de nossa mente. Por outro lado, ao ficarmos loucamente apaixonados, flutuando nas nuvens, essa alegria também surge da mente. O prazer e a dor, sejam ambos convencionais ou extremos, são experiências da mente. É a mente que vive cada momento de nossa vida e tudo o que percebemos, pensamos e sentimos. Portanto, quanto melhor conhecemos a mente e como ela funciona, maior a possibilidade de nos libertarmos dos estados mentais que nos derrubam, que secretamente nos machucam e que destroem nossa capacidade de sermos felizes. Conhecer a nossa mente não só leva a uma vida feliz, como também transmuta cada traço de confusão e nos desperta completamente.

Vivenciar o estado desperto é conhecer a liberdade no seu sentido mais puro. Esse estado de liberdade não depende de circunstâncias externas. Não flutua com os altos e baixos da vida. É sempre o mesmo, não importa se vivemos perda ou ganho, louvor ou crítica, condições agradáveis ou desagradáveis. No início, temos apenas um breve lampejo desse estado, mas os lampejos podem se tornar cada vez mais familiares e estáveis. Ao fim desse processo, o estado de liberdade torna-se o próprio solo de nossa experiência.

A MENTE COMO UM DESCONHECIDO

Imaginemos alguém que você vê todos os dias na vizinhança. Talvez o rosto ou o jeito de caminhar e vestir dessa pessoa até nos seja familiar, porque passamos muitas vezes por ele na rua. Mas nunca trocamos com ele mais do que um aceno ou um "olá" por educação. Nunca iniciamos uma conversa, porque temos receio de nos aproximar de um desconhecido. Afinal, não sabemos se essa pessoa é louca ou sã — se é bondoso, amoroso e potencialmente um bom amigo ou se é uma ameaça à sociedade. Já que estamos sempre ocupados e não há urgência alguma em descobrir qual é a desse cara, esquecemos e seguimos com a nossa vida. Mas, no dia seguinte, vemos essa pessoa outra vez e, no outro dia, também. Em algum momento, uma conexão vai se formar.

Em muitos aspectos, nossa mente é como o desconhecido que vemos na vizinhança. Podemos protestar: "Como assim? Estou com a minha mente o tempo todo!" Dizer que a nossa mente é como um desconhecido para nós pode soar absurdo. O problema, para a maioria de nós, é que nossa familiaridade com nossa mente não vai muito além do "olá". Temos dito "olá" tantas vezes que achamos que somos velhos amigos, mas será que realmente a conhecemos? É mais provável que o nosso relacionamento com ela seja muito distante — nada semelhante a uma amizade próxima, onde compartilhariamos boa parte dos momentos importantes. Estamos sempre cientes de sua presença, de suas características gerais e até de sua mutabilidade. Mas não conhecemos a sua história, não sabemos o que a toca e o que a faz vibrar. Podemos ter percebido que algumas vezes a mente se comporta de forma muito razoável e agradável, e outras vezes parece gritar e chutar. Ficamos atentos, já que não sabemos bem se essa desconhecida, a mente, acabará se revelando uma grande companheira ou se, de uma hora para outra, ela nos atacará como as sombras em nossos pesadelos. Temos curiosidade, mas, por segurança, mantemos distância.

Mas quem é essa desconhecida misteriosa que chamamos de "mente"? Será a mente o cérebro ou um subproduto do cérebro? Tratar-se-á de substâncias químicas e neurotransmissores, acendendo caminhos no cérebro que causam sensação, pensamento e sentimento, e que nos levam até o brilho da consciência? Essa é, basicamente, a visão materialista da neurociência, que vê a mente como uma função do cérebro. Na perspectiva budista, no entanto, mente e corpo são entidades separadas. Enquanto o cérebro e as suas funções fazem surgir certos níveis grosseiros de fenômenos mentais, a mente, em seu sentido mais sutil e definitivo, não é material e nem está necessariamente atada a uma base física.

DOIS ASPECTOS DA MENTE

Como já percebemos, o budismo fala sobre a mente de várias formas diferentes. Há uma mente que é confusa ou adormecida e uma mente que é desperta ou iluminada. Outra forma de descrever a mente é descrever seus aspectos relativos e últimos. O aspecto relativo se refere à mente confusa, o aspecto último é a sua natureza iluminada. A mente relativa é nossa consciência comum, nossa percepção dualística comum do mundo. "Eu" sou separado de "você" e "isso" é separado "daquilo". Parece haver uma cisão fundamental em nossas experiências. Tomamos como garantido que o bem existe separado do mal, o certo do errado e assim por diante. Essa forma de ver tende mais a causar incompreensão e conflito do que harmonia. O aspecto último da mente é a verdadeira natureza dela, que está além de todas as polaridades. É nosso ser fundamental, nossa consciência básica, aberta e espaçosa. Visualize um límpido céu azul, cheio de luz.

A mente cotidiana

A mente relativa é a nossa mente cotidiana, de percepções, pensamentos e emoções. Podemos também chamá-la de "mente de momento", porque ela muda e se transforma muito rapidamente — agora estamos ouvindo, depois vendo, depois pensando, depois sentindo e assim por diante. Na verdade, são três mentes misturadas: mente perceptual; mente conceitual; mente emocional. Juntas, essas três camadas ou aspectos da mente relativa explicam toda nossa atividade mental consciente. É importante compreender como elas trabalham em conjunto e assim criam todos os tipos de experiências por que passamos.

Em primeiro lugar, a mente perceptual se refere a nossas percepções diretas de visão, som, cheiro, gosto e tato. Já que surgem tão rapidamente e, da mesma forma, passam também rapidamente, geralmente não prestamos muita atenção a essas experiências, perdemos todas de vista e seguimos diretamente ao segundo aspecto da mente, a mente conceitual ou dos pensamentos. A única exceção comum ocorre quando estamos tão cansados que sentamos sem nem conseguir pensar, começando aos poucos a perceber as cores das folhas nas árvores, o som dos pássaros, as ondulações em um lago — em outras palavras, quando temos uma percepção simples e direta do mundo. Mas, na maior parte das vezes, nossa mente está ocupada demais para reconhecer diretamente nossas percepções. Elas passam muito rápido.

Por exemplo, se temos uma mesa na nossa frente, logo que a percebemos, o que já estamos vendo é só pensamento: "Ah, é uma mesa." Não estamos mais vendo a própria mesa, estamos vendo o rótulo "mesa", que é uma abstração. Uma abstração é tanto um artefato mental — uma ideia que formamos rapidamente, baseada em uma percepção — quanto uma generalização, uma etapa mais distante de nossa experiência direta. Essa etapa perde a experiência de contato genuíno, que passa mais informação, assim como maior sensação de prazer ou satisfação. Produzimos rótulo após rótulo, continuamente, sem nos dar conta de quanto nos distanciamos da própria experiência. Isso é o que chamamos de mente conceitual. Então, nossos conceitos se tornam gatilhos para o terceiro nível da mente, a mente emocional. Reagimos a esses rótulos e assim ficamos presos a nossos sentimentos habituais de gostar e não gostar, ciúmes, raiva e assim por diante. Acabamos vivendo em um mundo que é quase todo feito completamente de conceitos e emoções.

A mente e as emoções

Quando falamos sobre emoções, geralmente o que vem à mente são estados bem intensos de sentimento. Muitas vezes, olhamos as nossas emoções com ambivalência: elas podem ser desafiadoras, mas também nos são preciosas. Vemo-nas como algo nobre, mas também como algo devastador. Graças a seu poder, as emoções nos levam a superar o nosso autointeresse convencional, inspirando atos de coragem e sacrifício pessoal, ou alimentam os nossos desejos ao ponto de sermos levados a trair aqueles que amamos e a quem deveríamos proteger. Nas artes, seriam mais semelhantes à poesia e à música do que a documentários, por exemplo. A palavra "emoção", porém, não transmite adequadamente o que se quer dizer com o termo no escopo budista. A diferença é que, no contexto budista, a palavra "emoção" sempre se refere a um estado mental agitado, perturbado, aflito, sob a égide da ignorância e, muitas vezes, confuso. A qualidade de agitação ou perturbação implica que a mente emocional é um estado mental sem claridade e, por isso, é também um estado que nos faz agir sem reflexão, isto é, sem sabedoria. Assim, as emoções são consideradas estados mentais que obscurecem a nossa consciência e que, portanto, interferem na nossa capacidade de ver a verdadeira natureza da mente. Por outro lado, os sentimentos que aumentam a experiência de abertura e claridade, tais como o amor, a compaixão e a alegria, não são considerados "emoções" no sentido budista; pelo contrário, são vistos como fatores mentais positivos, aspectos da sabedoria ou qualidades da mente desperta. Porém, qualquer sentimento muito forte — ainda que receba o rótulo de "amor" — governado por traços possessivos, de apego mundano, de autogratificação ou por questões de controle é, sem dúvida, uma emoção no sentido convencional.

Valores enrijecidos

Como, muitas vezes, as experiências efetivamente diretas das coisas do mundo não estão presentes na nossa vida comum, acabamos por nos descobrir vivendo apenas em conceitos ou em um mundo emocional ligado ao passado ou ao futuro. Quando nossos conceitos se solidificam, quando se tornam tão profundamente enraizados no tecido de nossa mente que parecem ter se tornado parte de nosso ser, é aí que eles viram o que chamamos de "valores". Todas as culturas têm seus valores e princípios, mas se os aceitamos cegamente, sem fazer referência à sua subjetividade pessoal ou cultural, eles podem se tornar uma fonte de confusão, de julgamentos sobre a legitimidade de outras ideias ou mesmo sobre o valor da vida humana. Ainda assim, os valores não são diferentes de nossos outros conceitos, já que eles vêm dessa mesma mente cotidiana e são produzidos da mesma forma. Passamos rapidamente das percepções para os conceitos e, então, para as emoções, e aí é só mais um passo para os julgamentos de valor, conceitos tão solidificados que se tornam impassíveis perante as dúvidas e os questionamentos.

De uma forma geral, a sociedade parece se focar bastante na ideia de valores — valores democráticos, religiosos, familiares. Ela os vê como um poder para o bem e uma proteção contra o caos e a maldade. Algumas vezes, julgamos o que seria "bom e seguro" e o que seria "ruim e perigoso" com base em um único detalhe, a cor, por exemplo. Observemos, por exemplo, o branco e o preto. O branco é a cor da pureza e da inocência ou é a cor da morte? Na Ásia, o branco simboliza a morte e é utilizado em funerais, mas no Ocidente, médicos e noivas vestem branco porque é pacífico, seguro e reconfortante. No Ocidente, vamos aos funerais usando preto — isso está associado ao que temos, a morte. Ainda assim, se queremos parecer destemidos, poderosos, rebeldes ou misteriosos, também vestimos preto — é só olhar as ruas de Nova York.

É importante examinarmos o quão frequentemente os nossos rótulos realmente representam a realidade e o quão frequentemente eles a distorcem. Hoje em dia, quando ando de avião, olho ao redor para checar os outros passageiros. Às vezes, penso: "Aquele cara ali parece perigoso. Será que ele vai explodir o avião?" Mas quando vejo que o avião está cheio de pessoas brancas, sinto-me confortável e seguro. Já que não há tantos passageiros assustadores, isto é, parecidos comigo, sinto-me em meio a "gente de bem". Mas sei que o sujeito do meu lado provavelmente está se sentindo desconfortável por minha causa, pensando: "Olha que pessoa má. Será que ele vai explodir o avião?"

Todos nós sustentamos valores. Atualmente e cada vez mais, tudo parece dizer respeito ao bem e ao mal, ao certo e ao errado. Esses conceitos estão tão solidificados que parecem estar prestes a se tornarem lei. Eu não me surpreenderia se uma legislação de "bem e mal" fosse apresentada no Congresso. Não temos só rótulos mundanos para definir o bem e o mal, o que é certo e errado, além disso, temos também os rótulos religiosos para ajudar... ou para piorar. Todas as religiões parecem estar tentando nos assustar, em direção ao que é correto — ou ao que não é.

Presos no mundo conceitual

Se nos distraímos, o mundo conceitual nos toma por inteiro. É uma situação bem triste. Não podemos nem mesmo curtir um dia ensolarado, com as folhas sacudindo ao vento. Temos que rotular e, assim, passamos a viver com conceitos de sol, de vento, de folhas que se movem. Se apenas conseguíssemos deixá-los onde estão, não seria tão ruim, mas isso nunca acontece. A partir deles começa: "Ah, que legal, é tão bom estar aqui. É tão bonito, mas seria ainda melhor se o Sol estivesse brilhando daquele ângulo." Quando caminhamos assim, não somos nós caminhando; é um conceito caminhando. Quando estamos comendo, não estamos realmente comendo — é um conceito que come. Quando estamos bebendo, não estamos realmente bebendo — é um conceito que bebe. Em um determinado momento, o todo se dissolve em conceitos.

Quando o mundo externo se reduz a um mundo conceitual, não somente perdemos uma parte importante de nós mesmos, perdemos também todas as coisas belas do mundo natural: as florestas, as flores, os pássaros e as lagoas. Nada leva a nenhuma experiência genuína. Então, nossas emoções entram em jogo, sobrecarregando os nossos pensamentos com a sua energia. Descobrimos que há coisas "boas", que trazem "boas" emoções, e que há coisas "ruins", que trazem emoções "ruins". Quando vivemos assim todos os dias, tudo se torna muito cansativo, começamos a nos sentir exaustos e tudo fica pesado. Podemos pensar que o nosso cansaço vem do trabalho ou da família, mas, em muitos casos, não é nem um nem outro — é só a nossa mente. O que está nos deixando exaustos é a forma como nos relacionamos emocionalmente e conceitualmente com a vida. Corremos o risco de ficar tão presos ao reino dos conceitos que nada será inspirador, leve ou natural.

Essas três mentes — a perceptual, a conceitual e a emocional — são aspectos da mente relativa, nossa consciência mundana, que geralmente vivenciamos como um fluxo contínuo. Mas, na verdade, as percepções, pensamentos e emoções duram apenas instantes. São coisas impermanentes. Elas vêm e vão tão rapidamente que nem chegamos a ficar cientes da descontinuidade desse fluxo, do espaço que há entre cada evento mental. É como assistir a um filme de 35 mm. Sabemos que é composto por muitos quadros individuais, mas devido à velocidade com que se move, nunca percebemos quando um quadro termina e outro começa. Nunca vemos o espaço entre os quadros, da mesma forma que nunca vemos o espaço de consciência entre um pensamento e outro.

Acabamos vivendo em um mundo fabricado por esses três aspectos da mente relativa. Camada após camada, construímos uma realidade sólida, que acabou se tornando um fardo, confinando-nos a um espaço diminuto, a um cantinho de nosso ser, e deixando de fora muito do que realmente somos. Geralmente, pensamos em uma prisão como algo constituído por paredes e nos prisioneiros como as pessoas que estão ali dentro, retirados do mundo por causa de seus crimes. Os prisioneiros têm rotinas básicas que os acompanham ao longo do dia, mas as possibilidades de uma experiência plena e de um completo usufruto da vida estão bastante limitadas.

Estamos presos de forma semelhante, dentro dos muros do nosso mundo conceitual. O Buddha ensinou que na base de tudo isso está a ignorância, o estado de não saber quem realmente somos, de não reconhecermos nosso estado natural de liberdade e, por isso, não realizarmos o nosso potencial para a felicidade, o contentamento e a fruição de nossa vida.

NOSSO ESTADO NATURAL DE LIBERDADE

Essa ignorância é um tipo de cegueira que nos leva a acreditar que o filme a que estamos assistindo é real. Como mencionei anteriormente, quando acreditamos que essa mente ocupada — esse fluxo de emoções e conceitos — é quem realmente somos, é como se estivéssemos dormindo e sonhando sem saber que estamos dormindo. Quando não sabemos que estamos dormindo em meio ao estado de sonho, não temos controle sobre nossa vida de sonho. O Buddha ensinou que a chave para despertar e destravar a porta de nossa prisão é o autoconhecimento, que extingue a ignorância, como se alguém tivesse acendido uma luz em uma sala que esteve escura por um longo tempo. A luz imediatamente ilumina a sala toda, não importa quanto tempo tenha estado escurecida, e assim podemos ver o que não víamos antes — nossa verdadeira natureza, nosso estado natural de liberdade.

A liberdade pode ocorrer rapidamente. Em um momento, estamos atados a algo, à soma total de nossas vidas — nossos conceitos sobre quem somos, nossa posição no mundo, a força e o peso de nossos relacionamentos, a pessoas e os lugares, estamos presos no tecido de tudo isso. Então, em outro momento, tudo se foi. Não há nada nos obstruindo. Estamos livres para passar pela porta. De fato, nossa prisão se dissolve ao nosso redor e não há nem do que escapar. O que mudou foi a nossa mente. O eu que estava aprisionado, preso na armadilha, é liberado no momento em que a mente muda e percebe espaço onde antes percebia uma prisão. Se não há prisão, não pode haver prisioneiro. De fato, nunca houve uma prisão, a não ser em nossa mente, nos conceitos que se tornaram os tijolos e os grilhões que nos confinaram.

Isso não quer dizer que não existam prisões verdadeiras — que não haja celas e carcereiros, que não haja forças no mundo que possam nos confinar, inibir ou restringir. Não estou dizendo que tudo é pensamento e que pode ser simplesmente varrido com a mera vontade. Não devemos ignorar nenhum aspecto de nossa realidade. Mas até essas prisões e forças negativas externas surgem dos pensamentos de outros — são produtos da mente de alguém, da confusão de alguém. Mesmo que porventura não possamos, hoje, fazer muito frente a essas coisas, temos agora o poder de trabalhar com a nossa mente e, assim, desenvolver a sabedoria para um dia lidar com as mentes dos outros.

MENTE IMUTÁVEL

Quando Buddha ensinou sobre essa natureza impermanente e composta (ou agrupada) da mente relativa, ele o fez com o objetivo de apresentar a seus discípulos a natureza última da mente: a consciência imutável, pura e não fabricada. Aqui, o budismo se separa radicalmente de conceitos teológicos, como pecado original, que veem a humanidade como espiritualmente maculada por alguma violação herdada da lei divina. A visão budista afirma que a natureza de todos os seres é primordialmente pura e plena de qualidades positivas. Quando acordamos o suficiente ao ponto de ver além de nossa confusão, percebemos que mesmo os nossos pensamentos e emoções problemáticos são, no fundo, parte dessa consciência pura.

Reconhecer isso nos leva naturalmente a uma experiência de relaxamento, alegria e humor. Já que tudo o que vivenciamos no nível relativo é ilusório, não precisamos levar nada tão a sério. Do ponto de vista do estado último, é como um sonho lúcido, a vívida brincadeira da própria mente. Quando estamos despertos em meio a um sonho, não levamos nada do que ocorre no sonho muito a sério. É como dar uma volta nas atrações do Disney World. Um brinquedo nos leva até o céu noturno, onde nos vemos rodeados de estrelas, com as luzes de uma cidade lá embaixo. É muito bonito e nos cativa demais, mas nunca tomamos como sendo real. E, quando entramos na casa assombrada, fantasmas, esqueletos e monstros podem nos surpreender por um instante ou um por um pouco mais de tempo, mas eles também são engraçados, porque sabemos que nada disso é de verdade.

Da mesma forma, quando descobrimos a verdadeira natureza da nossa mente, somos liberados de uma ansiedade fundamental, uma sensação básica de medo e preocupação sobre aparências e experiências da vida. A verdadeira natureza da mente diz: "Por que se estressar? Relaxe e se sinta bem consigo mesmo." A escolha é nossa, a não ser que tenhamos uma tendência extraordinariamente forte de lutar o tempo todo. Desse modo, até mesmo o Disney World se torna um local horrível. E isso também é escolha nossa. Nosso mundo moderno é cheio de opções: onde quer que estejamos, podemos escolher uma forma ou outra.

Muitas pessoas perguntam como é esse tipo de consciência. Seria a experiência dessa natureza verdadeira semelhante à de se tornar um vegetal, entrar em coma ou sofrer de Alzheimer? Não. De fato, não é nada disso. Nossa mente relativa passa a funcionar melhor. Quando damos uma folga para o nosso hábito constante de rotular, o mundo se torna límpido. Ficamos livres para ver com clareza; pensar com clareza e sentir a qualidade viva e desperta de nossas emoções. A abertura, a amplidão e o frescor da experiência fazem com que este seja um local muito bonito de se viver. Imagine-se no pico de uma montanha olhando para o mundo em todas as direções, sem obstruções. É a isso que chamamos de experiência da natureza da mente.

LIBERTANDO-NOS DA IGNORÂNCIA

Se o conhecimento é a chave de nossa liberdade, então, como seguimos de um estado de desconhecimento para um estado de conhecimento? A lógica do caminho budista é bem simples. Começamos com um estado que está confuso e dominado pela ignorância; ao cultivar o conhecimento e o discernimento através de estudo, contemplação e meditação, libertamo-nos da ignorância e chegamos a um estado de sabedoria. Assim, a essência desse caminho é o cultivo de nossa inteligência e o desenvolvimento do nosso discernimento. Quanto mais trabalhamos com a nossa inteligência, mais ela se torna aguçada e penetrante — finalmente, ela se torna tão afiada que corta os próprios conceitos e a ignorância que nos mantêm presos ao sofrimento. O que estamos fazendo é treinar a nossa mente para libertar a si própria. Estamos exercitando, desenvolvendo e reforçando o nosso buddha rebelde.

A inteligência não é uma questão apenas quantitativa, uma questão de quanto sabemos. Ela é ativa, ela opera no mundo. Trata-se dos braços e das pernas da sabedoria com à qual ela está conectada. É o que nos move e nos leva até o nosso objetivo. Quando começamos a romper essas barreiras conceituais, não só mudamos a nós mesmos, como também começamos a mudar o mundo ao nosso redor. Nem sempre é fácil. Isso requer uma grande convicção, porque estamos desafiando aquilo que nos é mais próximo — nossa definição de um eu, tanto do senso de identidade pessoal quanto do senso de identidade dos outros. Seja ele um eu que sofre ou um eu tirânico, é o eu que conhecemos e ao qual sempre demos importância. Mas quando vemos a sua realidade, vemos esse eu desnudo — livre de todos os conceitos. Uma coisa é dizer que o "imperador está nu" e outra bem diferente é afirmar isso quando você mesmo é o imperador.

O MITO DO EU

Imagine que olhamos para a nossa mão, certo dia, e reparamos que ela está fechada, formando um punho. Está segurando algo tão vital que não conseguimos largar. O punho está tão fechado que a mão chega a doer. A dor na mão viaja até o braço e a tensão se espalha pelo corpo. E isso segue por anos a fio. Às vezes, tentamos tomar uma aspirina, assistir à televisão ou saltar de paraquedas. A vida segue, um dia esquecemos o que era tão importante e, então, a mão se abre: não há nada ali. Imagine a surpresa.

O Buddha ensinou que a causa raiz de nosso sofrimento — a ignorância — é o que dá surgimento a essa tendência de agarrar. A questão que deveríamos nos colocar é: "A que estou me agarrando?" Deveríamos olhar bem fundo esse processo, para ver se realmente há algo ali. De acordo com Buddha, estamos nos agarrando a um mito. É só um pensamento que repete "eu" tantas vezes que cria um eu ilusório, tal como um holograma que tomamos por sólido e real. A cada pensamento, a cada emoção, esse "eu" aparece como o pensador e também como aquele que vivencia, e ainda assim é apenas outra fabricação da mente. É um hábito muito antigo, tão arraigado que esse próprio agarrar se torna também ele próprio parte da nossa identidade. Se não estivéssemos nos agarrando a esse pensamento de eu, poderíamos sentir que algo muito familiar — como um amigo próximo — está faltando e, assim, uma dor crônica repentinamente desapareceria.

Como se segurássemos um objeto imaginário, nosso agarramento ao eu não nos ajuda muito. Ele apenas nos dá dores de cabeça e úlceras, e logo desenvolvemos muitos outros tipos de sofrimento com base nele. Esse "eu" passa a defender a todo custo os próprios interesses, porque imediatamente percebe um "outro". E, no instante em que temos o pensamento de "eu" e "outro", o drama de "nós" e "eles" se desenvolve. Tudo acontece em um piscar de olhos: agarramos o lado do "eu" e decidimos se o "outro" está a nosso favor, contra nós ou se não faz diferença. Enfim, estabelecemos as nossas intenções: com relação a um objeto, sentimos desejo e o queremos atrair; com relação a outro, sentimos medo e hostilidade e o queremos repelir; e com relação a mais um outro objeto, somos indiferentes ou apenas o ignoramos. Dessa forma, o nascimento das nossas emoções e dos nossos julgamentos neuróticos é resultado de nosso agarramento ao "eu" e ao "meu". No fim, não estamos livres nem mesmo frente aos nossos próprios julgamentos. Admiramos algumas de nossas qualidades e logo nos inflamos todos, desdenhamos outras qualidades e logo criticamos a nós mesmos, e assim ignoramos boa parte da dor que realmente sentimos, totalmente engajados nessa luta interna para sermos felizes com quem somos.

Por que persistimos nisso, quando nos sentiríamos tão melhor e mais relaxados se simplesmente soltássemos? A verdadeira natureza da nossa mente está sempre presente, mas, por não enxergá-la, acabamos nos apegando ao que conseguimos ver e tentando fazer dela algo que não é. Complicações desse tipo parecem ser o único jeito que o ego tem para se manter, isto é, criando um labirinto ou uma sala de espelhos para nos confundir. Nossa mente neurótica se torna tão revolta e enredada que fica difícil para nós rastrearmos o que ela está fazendo. Investimos nesse grande esforço apenas para nos convencer de que encontramos algo sólido dentro da natureza insubstancial de nossa mente: uma entidade separada e permanente — algo que podemos chamar de "eu". Ainda assim, ao fazer isso, estamos indo na contramão da verdadeira natureza das coisas, da realidade. Estamos tentando congelar a experiência, criar algo sólido, tangível e estável com algo que não tem essa natureza. É como pedir ao espaço que ele se torne terra ou para a água que se torne fogo. Pensamos que abandonar esse pensamento de um "eu" é uma loucura, pensamos que a nossa vida depende desse pensamento. Mas, na verdade, a nossa liberdade depende de nós o abandonarmos.

4

Buddha na estrada

QUANDO A PRIMEIRA ONDA de professores budistas começou a chegar aos Estados Unidos, no fim dos anos 1950 e início dos 1960, o país tinha menos de 200 anos de idade. Comparado com as civilizações ancestrais do Oriente, ele era uma criança que se perguntava: "Quem sou eu? O que quero ser quando crescer?" E, ainda hoje, ouvimos perguntas como: "Quem são os americanos? Quais são os verdadeiros valores deles?" Os primeiros professores budistas que chegaram a esse Novo Mundo trouxeram com eles não só os ensinamentos do Buddha (ou Dharma), mas também as suas culturas do Velho Mundo. Alguns se mudaram para cá, adotaram a cultura e aprenderam a língua. Outros apenas vieram visitar, sem abraçar a cultura ou a língua locais. Esses professores se esforçaram muito para estabelecer os ensinamentos do Buddha no Ocidente. Embora alguns conflitos e desentendimentos culturais inevitavelmente tenham ocorrido, esses professores mostraram enorme confiança em seus alunos ocidentais, que por sua vez retribuíram com grande confiança e abriram os seus corações a eles.

Ainda assim, apresentavam-se os ensinamentos budistas sempre carregados de sua bagagem cultural, com lições que iam desde como montar um altar até como se portar em uma sala de prática. Isso era necessário, até certo ponto. Os hippies dos anos 1960 estavam em meio a uma revolução da mente. Não queriam nada menos do que efetivamente transformar a cultura do Ocidente, e libertar a sociedade de seus valores e estruturas sociais rígidas. Nesse contexto, uma espiritualidade nova e exótica, de um lugar muito distante da terra natal, era muito interessante. Isso chegou a se tornar um elemento central das transformações daquele tempo.

Por que olhar para 26 séculos atrás ou até mesmo para 50 anos atrás, quando estamos aqui e agora, ocupados com nossas vidas? Por que entrar nesses detalhes? Precisamos refletir sobre a história da vinda do Dharma para o Ocidente e nos fazer algumas perguntas: "Por que estamos desenvolvendo uma linhagem budista norte-americana, e um budismo para o Ocidente e para a cultura moderna? Para quem é esse Dharma?" Isso ocorre com a simples motivação de ajudar aqueles que aqui vivem hoje a descobrirem a mesma verdade que Buddha descobriu séculos atrás. Essa verdade não muda. Não entra ou sai de moda. Ela precisa, porém, ser acessível e, a meu ver, somente outra revolução da mente possibilitará isso.

UMA REVOLUÇÃO SENTIDA EM TODO O MUNDO

Os anos 1960 surgem em minha mente como um exemplo de revolução cultural e espiritual porque ocorreram durante minha vida. Embora eu tenha nascido do outro lado do mundo, ainda no começo dessa transição, ela me afetou pessoalmente. Pode-se dizer que essa revolução foi sentida ao redor de todo mundo. Espalhou-se dos Estados Unidos para a Europa e para partes da Ásia. Certamente, foi sentida na Ásia, uma vez que ocidentais hippies, eruditos, poetas e músicos — e também os drogados — começaram a aparecer nos *ashrams*, mosteiros e *zendôs* do velho mundo. Alguns vinham cantando "Om", e buscavam conhecimento ou mesmo uma revelação sobre a natureza da mente e do universo. Não demorou muito até que eu ouvisse o rock — Rolling Stones, Beatles, Bob Dylan e Elton John — naquilo que chamávamos de gramofone, em um pequeno vilarejo monástico aos pés das montanhas indianas no Sikkim. Meus primeiros amigos estrangeiros eram americanos e, aos poucos, fiz amizade com pessoas de outros lugares: Europa, Inglaterra e Sudeste Asiático.

Para mim, essa nova geração — as crianças hippies de paz e amor — tornaram-se a face dos novos tempos e das direções futuras. Essa geração jovem formou uma contracultura poderosa, que rejeitava os valores estabelecidos, questionava a autoridade e se engajava no livre pensamento, em estilos de vida experimentais e em algo novo chamado de "ampliar a consciência". Abandonaram suas culturas originais e protestaram contra a guerra, marcharam pelos direitos civis, das mulheres, dos gays e pelo meio-ambiente ameaçado, e ouviam sua música rebelde, sucessos como *Get it while you can*, *All you need is love* e *Sympathy for the devil*.

Entre os jovens, havia esse sentimento de animação e esperança no mundo em transformação. Olhavam para fora e viam uma sociedade materialista e moralista; olhavam para dentro e viam novas dimensões da experiência, indicações de uma realidade transcendental, um novo mundo, a possibilidade de que o céu na terra fosse aqui e agora, caso isso fosse reconhecido. Por mais que tenha durado pouco, o impacto de seu frescor cheio de inspiração e de seu espírito de rebelião ainda são sentidos.

O desejo por liberdade — não apenas uma liberdade externa, mas o próprio estado de ser livre — é transformador. Cada passo que tomamos na direção da liberdade ajuda a criar uma trilha que outros podem seguir, seja ela social, política ou espiritual. Esses três reinos não são totalmente separados, sob nenhum aspecto. Eles também não são, como já disse antes, fechados em uma nação ou cultura.

Embora a revolução dos anos 1960 tenha esmaecido, alguns aspectos de sua visão se mostraram duradouros. Certas liberdades sociais e civis foram atingidas ou, pelo menos, foram abertas as portas para a sua conquista. Ao meu ver, o efeito mais profundo foi o espiritual — o nascer de uma sensibilidade espiritual e um sentido de busca pela verdade reminiscente dos dias de Siddhartha, quando jovens se reuniam nas florestas para debater, aprender e trabalhar com afinco no próprio caminho para a liberdade.

O MUNDO MUDOU

Agora estamos no início do século XXI. Olhe para a sua vizinhança: os hippies que andavam de Fusca já cortaram os seus cabelos e tiraram as barbas há muito tempo. Eles agora se parecem com aquilo contra o que certa vez se rebelaram. A geração paz e amor abriu as portas para uma geração ambiciosa — os yuppies dirigindo carros importados. E então, veio a geração preocupada, a Geração X, que herdou mais problemas do que riquezas. E agora, seus filhos — a Geração Y e a seguinte — estão sob as suas asas, jogando videogames até que mostrem a que vieram. O mundo mudou e continua mudando. Não há mais "amor livre", nem todas as coisas que aconteciam sem muita preocupação durante a revolução hippie. Essas coisas podem até ter sido adequadas naquele momento, mas os tempos e a cultura mudaram. As pessoas mudaram — as necessidades e a forma de pensar dos homens, das mulheres e das famílias são diferentes. Os preços estão mais altos e as oportunidades de emprego são outras. Algumas profissões desapareceram e a nossa esperança é que novas profissões tomem os seus lugares.

Poderíamos deixar o cabelo e a barba crescer, e seguir tomando LSD. Poderíamos seguir dirigindo Kombis grafitadas. Mas viraríamos objeto de riso: "Olha só! Tá dando uma de *hippie*!" Nunca alguém se torna um verdadeiro *hippie* fazendo de conta. Ser um *hippie* não era uma questão de adotar certo visual ou as características de um determinado estilo de vida. Havia um propósito para tudo que faziam naquele contexto cultural e histórico. Porém, se adotamos aquelas formas hoje — o cabelo, as drogas, o amor livre e a Kombi — não faz mais sentido algum. Está fora de contexto. Seria uma imitação barata — algo que não teria coração ou filosofia. Seria até melhor que raspássemos o cabelo e fumássemos maconha em casa. Acho que muita gente faz isso, o que, para mim, pelo menos é mais genuíno nesse novo contexto.

O mundo em que vivemos hoje é um lugar diferente. Para que os ensinamentos do Buddha permaneçam relevantes, não podemos seguir com a sua apresentação em termos hippies. Não podemos arrastá-los sem alterações para o século XXI. Quando o budismo surgiu na América, era tudo novo. Não havia por aqui nenhuma tradição de meditação semelhante que pudesse absorver os ensinamentos budistas. Para penetrar a tradição e aprender os seus segredos, os alunos tomavam o caminho da imersão como a rota mais genuína e produtiva. O praticante do zen, do budismo tibetano ou de vipassana entrava em contato com os ensinamentos através das formas e protocolos particulares dessas tradições. As velas e o incenso, as tigelas de oferenda e estátuas de Buddha, o soar de gongos e as recitações em línguas exóticas, as almofadas de meditação e os elegantes aderecos de parede, tudo combinado para criar um efeito tão belo quanto contemplativo. E também um pouco estranho, até mesmo um pouco de outro mundo. O que era meramente cultural e o que era ensinamento? No início, quem conseguiria separar uma coisa da outra?

A MÁSCARA DA CULTURA

Precisamos analisar o que nos ajudará hoje nesse caminho. Assim como não faz sentido se prender às formas contraculturais dos anos 1960, não faz sentido se prender às formas de uma cultura tradicional, asiática e budista, e fingir que podemos viver completamente dentro de uma determinada experiência. Estando nos primeiros estágios do desenvolvimento de uma tradição budista genuinamente ocidental, ainda precisamos, naturalmente, confiar nas culturas que estão há tempos imersas na tradição. Elas têm muito a nos ensinar, mas precisamos abandonar a ingenuidade frente a isso. Não devemos confundir as culturas com a sabedoria. Não devemos confiar absolutamente em nenhuma forma particular que tenhamos tomado por sagrada.

As tradições budistas ancestrais do Oriente deram surgimento a poderosas e elegantes formas culturais. Essas formas são, na maior parte dos casos, expressões belas e peculiares da sabedoria que contêm. Em seu estilo e substância, estão tão integradas naquela sabedoria, tão afinadas com ela, que as próprias formas muitas vezes transmitem uma experiência de sabedoria para aqueles que conseguem se comunicar com elas. Mas isso não aconteceu do dia para a noite. Levou tempo e exigiu o discernimento de incontáveis gerações para que se descobrisse e refinasse essas formas que nos ajudam a abrir portas, uma vez que algumas delas são bastante elaboradas. Quando passamos por uma porta, no entanto, acabamos nos deparando com um paradoxo: as formas desaparecem. Do outro lado, não há estátuas de buddhas, não há tigelas de incenso, não há som de gongos ou recitações, não há tatames ou brocados, não há almofadas de meditação e não há meditadores. E por que é assim? Essas formas e atividades são simplesmente os meios de adentrar a dimensão aberta de nossa mente. A sabedoria que apontam não tem uma forma tangível particular. Não conseguimos botar a sabedoria na mão, admirar suas cores brilhantes e, então, colocá-la em uma estante, junto às nossas outras posses valiosas. Nunca estamos seguros sobre a sua cor ou formato, ou mesmo sobre o que realmente se trata. A própria mente que sabe — nossa consciência desperta — também não tem forma.

A cultura, por outro lado, é a expressão tangível de nossa experiência humana. A cultura inclui nossa arte, as roupas que vestimos e a língua que falamos. Inclui as instituições que criamos, as religiões que praticamos, os rituais que realizamos e os conceitos e crenças através dos quais vemos e interpretamos o mundo. A cultura é o tecido que agrega e identifica uma sociedade. É passada de uma geração para a outra, ainda que esteja sempre em fluxo, mudando enquanto interage com novas ideias e outras culturas.

Podemos olhar para a cultura como uma manifestação da nossa experiência humana compartilhada. No entanto, ela também é um aspecto de nossa experiência individual: há uma cultura da mente. A cultura da sociedade pode nos possibilitar um senso maior de identidade, mas cada um de nós desenvolve uma sensibilidade individual de identidade no contexto dessa cultura. Podemos ser "nortistas" ou "sulistas", mas não somos estereótipos. Não somos como os outros, mesmo olhando ao redor em nossa comunidade ou família. Podemos nos conformar em alguns níveis, mas sempre conseguimos expressar nossa peculiaridade em meio àquela homogeneidade. Temos personalidade própria, estilo próprio. Quando olhamos no espelho, vemos uma imagem física que é nossa. Também vemos alguém que se veste de determinada forma; que tem um jeito peculiar de falar; que gosta de um tipo de música, de comida e de filmes e não gosta de outros.

Essa imagem também tem opiniões, crenças e valores, bem como hábitos de pensamento, sentimento e comportamento que nos fazem únicos.

Todos esses atributos juntos são o que tomamos como "eu" ou "minha personalidade". A palavra "personalidade" vem do termo latino *persona*, que significa "máscara". Essa máscara é o que os outros veem. Em certo sentido, falamos de trás dessa face externa. Já que temos essa personalidade, parece natural expressá-la. Tudo o que criamos — de nossa máscara até nossa família, nossos negócios, sistemas de governo, arte — contribui, por sua vez, para a criação da cultura em que vivemos. Portanto, não é tão difícil ver como o mundo e as suas instituições e valores surgem da mente — da minha mente e da sua, da mente deles e da nossa, de cada uma das mentes e de todas elas juntas. O que somos é moldado por nossa cultura e o que somos também a altera. Cada pessoa é parte do tecido social, é influenciada por ele e também exerce nele uma influência. Devido a essa interdependência, não podemos dizer que um indivíduo ou a cultura como um todo existam separados ou independentes um do outro. Podemos dizer que, onde quer que exista uma mente, há cultura, e onde quer que haja cultura, há uma mente.

CONHECENDO BUDDHA

Há muito tempo, Buddha afirmou que, quando alguém no futuro encontrasse os seus ensinamentos, seria o mesmo que encontrá-lo em pessoa. Hoje, portanto, podemos "conhecer o Buddha" por meio de professores, ensinamentos ou em nossa prática. Dizer que queremos conhecer o Buddha é o mesmo que dizer que queremos conhecer o estado desperto de nossa mente. Nesse sentido, não temos que mudar quem somos para conhecer o Buddha. O propósito desse encontro não é tornarmo-nos estudiosos de uma cultura ou descobrir a sabedoria de outra pessoa. Não estamos praticando a cultura indiana para nos tornarmos indianos, ou praticando a cultura japonesa ou tibetana para nos tornarmos japoneses ou tibetanos. Nosso propósito é descobrir quem realmente somos e assim nos conectar com a nossa sabedoria.

A melhor forma de encontrar o Buddha é convidá-lo à nossa casa. Quando estudamos ou praticamos os seus ensinamentos, Buddha está presente. Para examinar nossa mente, não precisamos redecorar a casa como um mosteiro ou a residência de vilarejo indiano. E, hoje, não precisamos mais de uma echarpe branca tradicional e chá indiano para dar boas-vindas a um professor tibetano. Quando o encontramos pela primeira vez, é suficiente cumprimentá-lo com uma expressão asiática tradicional de respeito, uma reverência curvando levemente o corpo, por exemplo, e depois basta oferecer um aperto de mãos. Tudo bem servir o tradicional chá ao nosso convidado, mas também podemos oferecer outra bebida — uma Coca-Cola ou um *latte* do Starbucks. Podemos discutir meditação ou comer e assistir filmes juntos. Ao longo do tempo uma troca passa a acontecer, e assim desenvolvemos respeito mútuo e amizade. Descobriremos que, embora haja muito a aprender com esse professor realizado, também temos algo a oferecer. Temos uma fartura de experiências e conhecimentos acumulados ao longo da vida para compartilhar. Não somos meros recipientes no relacionamento entre culturas, somos participantes de um diálogo que enriquece os dois mundos.

5

Como proceder

Como é a jornada espiritual budista para alguém que decide seguir essa rota? O que é fundamental nessa experiência? O que é feito, o que se confronta e como isso nos transforma?

O caminho budista, como a vida, tem uma curva de aprendizado própria. Quando somos crianças, nossos pais cuidam de nós, mas quando seguimos nosso rumo, entramos em um mundo totalmente novo. Simultaneamente, surgem tantos desafios — aprender uma profissão e gerenciar os relacionamentos, o tempo, o dinheiro e as coisas da casa — que eles podem parecer avassaladores a princípio. Não fazemos ideia se aguentaremos ou não e não sabemos se as coisas serão fáceis amanhã ou no ano que vem. Não sabemos porque nunca passamos por isso antes e não temos nada dessa magnitude com que possa ser comparado. Assim, no início, a ajuda e o encorajamento dos pais, de mentores e de amigos são algo importante, mesmo sabendo que precisamos aprender a lidar com essas coisas por conta própria. Não temos como evitar.

Da mesma forma, na jornada espiritual, começamos sem entender muita coisa. Mas, ao seguirmos por ela, adquirimos conhecimento, competência e confiança, o que nos dá mais energia e gera interesse no assunto em questão. Nesse caso, o assunto em questão é a mente e, em particular, a nossa mente. Há um aspecto tradicional de estudo, de lidar com professores etc., mas o aspecto mais crucial do caminho é aquele onde colocamos mãos à obra, isto é, aquele onde trabalhamos diretamente com a mente e com as nossas experiências.

Quando começamos a estudar a mente, começamos a reconhecer de que maneira ela opera. Descobrimos o princípio de causa e efeito, vemos que certas ações produzem sofrimento e que outras produzem felicidade. Realizada essa descoberta, compreendemos que, ao trabalhar com as causas do sofrimento, podemos superar o próprio sofrimento. Também começamos a reconhecer, nos conteúdos de nossa mente, uma imagem mais nítida de nosso perfil psicológico. Ou seja, começamos a reconhecer os padrões de pensamento e sentimento que se repetem sempre. Reconhecemos o quão previsíveis somos em nossos relacionamentos e interações com o mundo. Também reconhecemos o quanto são efêmeros os conteúdos da mente. Em um determinado ponto, começamos a ter lampejos do espaço total da mente, a consciência brilhante que é a fonte de seus pensamentos e emoções fugazes. Esse é nosso primeiro contato com a verdadeira natureza da mente: é uma conquista no caminho e uma experiência da liberdade pessoal.

Os estudos iniciais são importantes porque revelam o território a ser percorrido, exatamente como um mapa. O mapa mostra onde estão as estradas, as encruzilhadas, os retornos e os becos sem saída. Mostra onde estão as montanhas e os vales, as cidades e os espaços vazios. Podemos ver onde estamos e para onde estamos indo. Assim, podemos começar a nos preparar para cada etapa de sua viagem. O que temos até o fim deste livro é uma descrição da jornada, do ponto de vista da experiência. É uma orientação para chegarmos ao mapa do Buddha.

Sabemos que o nosso destino final é a liberdade e que a forma de compreender tanto a liberdade quanto a sua ausência é o trabalho com a nossa mente. De início, há determinadas lições a serem aprendidas e certas realidades a serem encaradas. São apenas alguns momentos de reconhecimento da condição humana. Mesmo assim, se os levarmos a sério, eles serão transformadores. O fundamental desses momentos é o reconhecimento da nossa solidão e do nosso sofrimento, e a percepção de que o poder de transformar nossas vidas sempre esteve em nossas mãos. Assim, o caminho começa com a reflexão e com o desenvolvimento da motivação, seguindo, então, para o aprendizado dos métodos específicos para trabalharmos com a nossa mente.

EU PRIMEIRO: DESCOBRINDO A LIBERDADE PESSOAL

A parte mais crítica da jornada espiritual é o início. Como começamos? O Buddha ensinou que primeiro precisamos nos focar em nós mesmos, em atingir o que chamamos de "liberdade individual". Isso significa que é a nossa liberdade pessoal que está em jogo e não a liberdade de todos os outros, incluindo a do seu melhor amigo, de seu parceiro ou família. Também não diz respeito à liberdade de nossa comunidade, nação ou do mundo todo. Diz respeito a nós mesmos, como indivíduos. Partimos de quem somos e do jeito que somos agora mesmo. É o nosso eu neurótico, a ilusão do eu, que começa a sair pela estrada para a liberdade. Afinal, que outro eu teríamos para despertar e libertar do sofrimento?

O impulso na direção da liberdade pessoal e da felicidade é natural a todos. É um desejo básico do coração humano. "Você quer se libertar do sofrimento? Você quer ser feliz?" Pergunte isso a qualquer um e, sem exceção, a resposta será a mesma: "Sim, é isso que estou buscando. É por isso que trabalho das 9h às 17h. É por isso que estudo à noite. É por isso que vou tomar esse expresso duplo e vou direto para a sala de reuniões. É por isso que vou largar esse trabalho. É por isso que estou me casando. É por isso que estou me divorciando."

Tudo o que fazemos é, em certo nível, uma expressão desse desejo por liberdade e felicidade. Frequentemente, no entanto, os métodos que usamos para nos fazer mais livres e felizes não cumprem o que prometem. Lembro-me dos primeiros tempos da internet e dos computadores mais rápidos da época. Ouvi muitos comentários de amigos ocidentais que eram mais ou menos assim: "Ah, vão ser ferramentas maravilhosas. Teremos mais tempo livre, porque os computadores tornarão nosso trabalho mais fácil e eficiente." Tenho certeza de que eles pensavam que teriam mais tempo para passar com suas famílias, talvez tirar férias no México ou no Caribe. Mas, com todas essas ferramentas e aparelhos, hoje nos descobrimos cada vez mais ocupados. Nossos e-mails chegam mesmo quando estamos jantando com amigos. O BlackBerry apita e não conseguimos resistir em olhar a mensagem, mesmo que o amigo à nossa frente esteja tentando falar. Se não conseguimos nem mesmo nos liberar na hora da janta, imagine então em que situação estão as outras liberdades que achamos que os computadores iriam prover.

O mesmo ocorre com nossas posses materiais, se o nosso desejo por elas é baseado na esperança de que nos libertarão em qualquer medida do sofrimento de nossa insegurança básica, de nossa preocupação, de nossa crise de identidade ou do simples tédio. Embora até digamos que estamos cientes, ainda acreditamos que a casa nova, o carro novo, o computador novo ou a nova televisão de alta definição nos darão aquele empurrãozinho para melhorarmos a nossa vida em algum aspecto. Então, vem a prestação da casa, o seguro do carro e as reprises na televisão. Não sei quanta felicidade realmente obtemos com essas coisas, mas elas parecem incluir uma boa medida de sofrimento, com a qual concordamos ao assinar ou marcar na caixinha de "concordo com esses termos e condições".

O que está acontecendo aqui não é um desejo errado da nossa parte. Estamos buscando o que queremos do jeito errado. Estamos equivocados com relação ao que pode efetivamente nos dar liberdade e felicidade. Às vezes, chegamos a fazer essa relativa liberdade que temos tornar-se causa de sofrimento. Se temos amigos ou família em casa por muito tempo, começamos a achar que estamos sem privacidade. Perdemos liberdade e reclamamos: "Me deem espaço! Preciso de espaço, por favor!" Seria fácil simplesmente pegar o laptop e ir até um café com internet grátis, mas parece que temos vontade de mandar todo mundo embora aos pontapés. Por outro lado, se ninguém aparece, o que fazemos? Reclamamos de novo: "Ninguém vem me ver, estou tão só." Torna-se um dilema. Ficamos indo e vindo, querendo uma coisa e depois outra, e criando cada vez mais conflito interno, porque ainda não descobrimos um jeito de simplesmente sermos felizes. Não interessa quanta liberdade possuímos, temos a impressão de estarmos sempre em uma luta. Parecemos sempre estar brigando por mais liberdade ou por um tipo diferente de liberdade e, assim, o sofrimento é infindável.

A nossa experiência é o que importa

Quando Buddha ensinou sobre a importância da liberdade individual, ele estava dando-nos uma instrução muito simples, ainda que profunda: antes de fazer qualquer coisa, precisamos nos conectar de todo o coração com o desejo de sermos livres. Então podemos começar a aprender os métodos mais efetivos para realizar esse desejo. Isso significa que o nosso caminho individual precisa estar conectado com a nossa experiência de vida. Devemos olhar para a própria experiência de sofrimento e reconhecer como ela é peculiar. Não sofremos exatamente da mesma forma que outra pessoa. O que me faz sofrer pode não fazer você sofrer. O que é extremamente difícil para você pode ser fácil ou até divertido para mim. O que você gosta de fazer pode ser assustador ou tedioso para outra pessoa. E assim por diante. Quando se atinge o ponto em que há uma determinação de se libertar do sofrimento, finalmente surge a atitude que permite que comecemos no caminho da liberdade individual: "Vou me livrar do sofrimento, vou proteger e resguardar a mim mesmo da dor de cabeça e da desgraça." É aí que começamos.

Não devemos temer esse foco individualista. Podemos achar que nos concentrar em nós mesmos às custas de não incluir os outros acabará levando a problemas ainda maiores, com o egoísmo, orgulho e outras características pouco espirituais. De forma geral, sim, isso pode ocorrer. Mas, nesse contexto, estamos combinando o foco no indivíduo com o treinamento da mente, em um formato que desenvolve a autodisciplina e leva a um conhecimento espiritual genuíno.

Não há nada de errado em sermos individualistas, isso se torna problemático apenas quando é mal direcionado. Se formos capazes de apontar esse individualismo na direção certa, ele se torna algo muito positivo. O que nos ajuda a encontrar essa direção é parar e olhar a situação real de nossa vida. Quando de fato olhamos, das duas, uma: ou surtamos, ou nos alinhamos bem rapidinho. E qual é a situação real? Há muitos tipos de sofrimento, mas há um sofrimento em especial que vale contemplar, acima de todos os outros: o sofrimento de que nada perdura. A vida é curta, o relógio nunca para e o momento da morte é uma surpresa.

Estamos sozinhos

Cultivar o individualismo faz sentido, é evidente, porque estamos sozinhos no mundo. Precisamos encarar essa condição e aprender a sermos independentes. Do momento que saímos da barriga da mãe e o cordão umbilical é cortado, estamos sós. Cortar o cordão é muito simbólico. Daquele momento em diante, temos que começar a aprender a sermos independentes e começamos aprendendo a respirar sozinhos.

Claro, há muitas pessoas que ao longo do caminho nos ajudam — os pais, as babás, a família e os amigos. Ainda assim, enquanto crescemos, fazemos isso sozinhos. Quando nos mandam para a escola, vamos sozinhos, ainda que centenas de outras crianças estejam lá. Temos que passar os dias sozinhos. Estamos a sós quando estudamos e a sós quando fazemos as provas. Nem mesmo nossos melhores amigos podem nos ajudar a fazê-las. Quando nos formamos, vestimos a toga a sós. Quando precisamos de um emprego, temos que buscá-lo sozinhos e, quando o encontramos, ninguém além de nós mesmos é responsável pelo trabalho. Não interessa quantas outras pessoas tenhamos em nossa vida, no fim das contas, precisamos nos erguer por nós mesmos.

Podemos não estar conscientes, mas a realidade de nossa solidão está conosco o tempo todo e a sentimos de diversas formas. Podemos vivenciá-la como uma sensação de insatisfação ou inquietação, ou podemos sentir sinais de ansiedade ou depressão. Não importa quem somos e não interessa o que estamos fazendo em um dado momento: nunca parece ser o bastante, sempre está faltando algo. Quando estamos sentados em casa e olhamos pela janela, queremos sair. Depois que ficamos lá fora por uns cinco minutos, começamos a achar que é melhor voltar para dentro. Vagamos sem rumo da mesa de trabalho para a cozinha e então nos perguntamos por que fomos até lá — não estamos com fome ou com sede. Ligamos a televisão, mas seguimos mudando de canal. Se não temos um alguém especial, sonhamos com a felicidade que seria encontrar o parceiro ideal. Mas quando ele está dormindo bem ali do seu lado, você não está satisfeito. É muito raro surgir um sentimento simples de contentamento. É um processo sem fim essa busca por o que quer que seja "aquilo" que, supostamente, preencherá o espaço vazio que existe em todas as nossas experiências.

Não interessam os desejos, obter os seus objetos não é a mesma coisa que o contentamento, que vem de dentro. Nunca encontraremos contentamento completo, um sentimento perfeito de paz, se a nossa mente não estiver contente e pacificada. Podemos ser muito bem-sucedidos em nossas carreiras e estar ganhando o salário ideal. Podemos ter dinheiro no banco, um cônjuge, cinco filhos, uma casa e um belo carro com uma semiautomática no porta-luvas. Podemos ter o sonho norte-americano nas mãos... e ainda sentir que falta algo. Nesse caso, nossa mente que é pobre — não a nossa vida ou a nossa conta bancária. O contentamento não significa que somos preguiçosos ou que nos acomodamos, satisfeitos com qualquer coisa. Significa que vivemos satisfeitos e alegres. Contentes, seremos ricos ainda que tenhamos pouco na carteira. Mas, sem contentamento, sofreremos mesmo com um milhão embaixo do colchão.

O problema vira possibilidade

Quando estamos presos em um estado mental confuso e desesperado, a melhor forma de nos libertarmos é vivenciarmos completamente a dor. É isso que inspirará a determinação e o compromisso de que precisamos para superar nossos padrões habituais. É só por meio de nosso relacionamento com nossa dor fundamental de uma forma direta e genuína que desenvolvemos um entusiasmo verdadeiro pelo caminho da liberdade individual. O sofrimento só será um problema quando não reconhecermos nenhuma possibilidade de nos libertarmos dele. Enquanto estamos dispostos a trabalhar com nossa dor, ela se torna uma experiência produtiva. É isso que nos faz querer ser livres. De outra forma, como teríamos sequer a ideia de liberdade — liberdade com relação a quê? O sofrimento faz nossa aspiração ser muito mais poderosa ao torná-la real. Age como um catalisador; reforça nossa decisão de trabalhar com a própria mente.

Ao mesmo tempo, é importante não perder de vista o nosso destino em meio a toda essa determinação. Precisamos manter o nosso objetivo de liberação em mente, de outra forma, nossos esforços podem perder empenho e, caso isso ocorra, eles não funcionarão. Se perdemos a visão ampla, a nossa determinação pode flutuar, dependendo de como nos sentimos naquele dia. Quando estamos confortáveis, a nossa resolução não parece tão urgente. Podemos fazer uma ou outra coisa por um tempinho e acabar deixando o trabalho com nossa mente para depois, quando nos sentirmos pior. Às vezes, pensamos: "Está um dia bonito. Por que não posso tirar uma folga disso tudo?" Tudo bem — desde que não fiquemos presos entre dois mundos, ainda mais infelizes do que antes. Vemos a liberdade à distância e a vista é legal, mas é como olhar a foto de um paraíso que, estamos cientes, nunca visitaremos.

Quando encontramos o sofrimento em pessoa, em um momento de desilusão, raiva ou ciúmes, não devemos dizer a ele: "Sai, você está me perturbando e me deixando mal." Pelo contrário, podemos olhar diretamente para ele e dizer: "Eu já vi você e agora aqui está você de novo. Evitei esse momento outras vezes, mas agora é a hora de encarar você diretamente e esclarecer algumas coisas. Sei que tem me ajudado, muito obrigado por isso. Mas eu gostaria de lhe dizer 'tchau'. Estou trilhando o caminho da liberação."

O poder do coração

É necessário um forte sentido de resolução para que nos asseguremos de coração que não queremos encarar nosso sofrimento com a mesma velha mente de confusão e ignorância. Que não queremos perpetuar os padrões antigos habituais que de nada servem senão para nos fazer sentir perdidos e garantir que nosso sofrimento reaparecerá, talvez de forma ainda mais intensa. Dizemos para nós mesmos: "De agora em diante, realmente quero ser livre, me libertar desse sofrimento e dessa dor." Se não for assim, se estivermos contando com um milagre ou alguma forma de intervenção divina, sem esforço da nossa parte, é como contratar um assassino de aluguel sem qualificação. Seguimos esperando que ele faça o trabalho que contratamos, mas nada acontece. Enfim percebemos que a pessoa que contratamos para nos livrar de nossos problemas não vai fazer nada. Temos que nós mesmos atirar em nossa ignorância, à queima-roupa.

O ponto é o seguinte: espiritualmente, somos os únicos responsáveis por nós mesmos. Esse é o princípio básico dessa jornada não teísta. Não conseguimos olhar para cima e dizer com confiança que tem alguém ali, alguém acima, que vai nos salvar, pelo menos se cumprirmos nossa parte — aparecer nos locais e horários corretos e pagar o que é devido. Não há nada determinado que sirva como rede de segurança. Não podemos seguir fazendo negociações mafiosas e achar que, no final, tudo estará bem porque pertencemos à família. Do ponto de vista budista, assumimos a jornada sozinhos, somos a única pessoa que pode nos salvar.

Algumas vezes, de forma a desenvolver bem esse sentido de determinação unificada, é necessário sofrer muito. Se temos uma dor de cabeça bem leve, por exemplo, tudo bem ser preguiçoso e não fazer nada a respeito. Contudo, se temos uma enxaqueca, faremos o que for preciso para nos libertar dela. Quando temos um sofrimentinho aqui e ali, podemos nos distrair e esquecer deles, mas quando temos um sofrimento real, então certamente começamos a prestar atenção e fazer algo a respeito. Por exemplo, quando uma pessoa tem problemas de abuso de drogas ou outros vícios, muitas vezes ela tem que ir até o "fundo do poço" em seu vício, antes de finalmente se sentir motivada a se comprometer com a recuperação.

Quando nos encontramos em uma situação em que nos sentimos sem esperança nenhuma, é nesse exato momento que começamos a ter um gostinho da verdadeira liberação. Quando estamos desesperados, quando perdemos tudo e não temos controle sobre o que está acontecendo conosco — é nesse momento que os ensinamentos podem nos causar maior impacto. Não se trata mais de ensinamento teórico. Quando estamos no fundo do poço de nossas vidas e estamos sofrendo profundamente, esse é o momento de sermos fortes. Não é hora de desistir, muito pelo contrário, devemos olhar para dentro e dizer: "Chega, não vou mais cair nesse padrão. Isso acaba hoje." É ali mesmo que nos conectamos com o poder de nosso coração de buddha rebelde e com a nossa mente da liberação individual, e assim nos colocamos na rota para a liberdade.

Renunciando às causas do sofrimento

Quando nossas experiências dolorosas nos inspiram a ponto de nos tornarmos verdadeiramente determinados a romper com o sofrimento, isso é o que Buddha ensinou como sendo o ato de renúncia. Vemos o nosso sofrimento e a nossa solidão, e ficamos tristes com a insatisfação que permeia a nossa vida. Finalmente, sentimo-nos prontos para encarar esse renitente ciclo de infelicidade, descobrir as suas verdadeiras causas e desenraizá-las.

Poderíamos dizer — e até acreditar — que já estamos fazendo tudo o que podemos para evitar o sofrimento. Mas se olharmos bem de perto veremos que, enquanto odiamos a nossa dor, parece que amamos várias de suas causas. Há um pequeno descompasso entre as nossas intenções e o nosso comportamento. É como ter repulsa pela ressaca, mas apreciar muitíssimo a bebida. O problema é que, não importa o quanto pensemos que queremos nos libertar do sofrimento, seguimos repetindo os padrões de comportamento que o perpetuam. Não só estamos acostumados com as causas, com os ataques de raiva ou de ciúmes, por exemplo, mas muitas vezes também apreciamos a energia que sentimos quando nos entregamos a elas.

A partir disso fica óbvio que não sabemos muito sobre os mecanismos de causa e efeito, no que diz respeito ao nosso sofrimento. É isso que Buddha quer dizer com "todos querem ser felizes, mas constantemente destroem sua felicidade como se fosse um inimigo". Assim, uma boa parte do início de nosso caminho é investigar a causa e o efeito, e a partir disso reconhecer como os dois operam em nossa vida. Fazer isso muda a maneira de vermos as coisas. Algo pelo qual estivemos atraídos e nos entregamos sem reflexão — talvez fofocar sobre nossos colegas de trabalho — logo se revela um comportamento inaceitável para nós, quando compreendemos os efeitos. Nossa fofoca fere os outros e, por consequência, também fere indiretamente a nós mesmos. Não é um ato inocente. Feitas as conexões entre causa e efeito, desenvolvemos uma atitude de repulsa frente a ações que, hoje, costumam passar desapercebidas. Muitas vezes, reconhecemos que estamos infelizes não porque o mundo está contra nós, mas porque agimos por impulso, sem pensar.

Lidando com o desejo

O impulso está ligado ao desejo, que é um nível mais duradouro de sentimento. Podemos vivenciar um desejo flutuante que não tem um objeto particular, mas o nosso desejo tende a rapidamente formar apegos por todas as coisas interessantes que vemos, ouvimos, cheiramos, provamos ou sentimos. Logo que surge o objeto do desejo, queremos possuí-lo. Isso pode só implicar que queremos mantê-lo em mente e apreciá-lo por um tempinho, como uma bela vista nas montanhas. Ou pode significar que enlouquecemos e ficamos obsessivos por algo, talvez uma viagem romântica ao sul da França. Boa parte do que fazemos e dizemos é simplesmente baseado no desejo. Queremos algo e, simplesmente, seguimos em frente e agarramos esse algo, sem pensar nas consequências, sem haver um intervalo no processo que nos permitiria ver se é realmente algo que queremos. Pode ser um novo amor, um novo carro ou uma vingança. É uma sensação poderosa, um tipo de fome que elimina todo e qualquer pensamento, exceto o de colocar algo, qualquer coisa, na boca. O primeiro gostinho é muito doce e ficamos felizes por um instante, mas não sabemos se o que estamos engolindo é podre ou venenoso, ou se vai nos fazer passar mal.

O desejo é tão atraente quanto cego. Tem o poder de intoxicar, de nos entusiasmar ao mesmo tempo em que diminui nossa capacidade para pensar com clareza. Estou certo de que o leitor conhece isso bem. A questão é que precisamos compreender como o desejo opera em termos do mecanismo de causa e efeito. Quando a energia do desejo se combina com a força de nossos padrões habituais, precisamos lembrar-nos de nosso outro desejo — aquele por liberdade individual — e invocar nossa mente de buddha rebelde. De outra forma, acabaremos perdidos na floresta ou falidos em um país estrangeiro.

O sofrimento, porém, não é sempre causado por algo que temos como negativo. Pode ser o resultado de algo que gostamos e queremos muito, tal como riqueza, fama, poder ou sucesso. Qualquer fonte comum de felicidade, quando nos apegarmos muito a ela, pode se tornar uma causa de sofrimento. É só assistir o noticiário para ver quantas pessoas acabam sofrendo, todos os dias, devido ao apego à riqueza. Sejam corretores de ações, traficantes, vencedores da loteria, quando agem, não sabem se ao final estarão rindo ou chorando. Em alguns casos, seu dinheiro ou seu desejo de dinheiro podem levá-los à prisão ou à morte.

Podemos ter muitos tipos comuns de felicidade em nossa vida, mas é raro que tenhamos um verdadeiro contentamento quando a nossa felicidade depende principalmente de coisas materiais ou das opiniões de outras pessoas. O príncipe Siddhartha tinha vasta riqueza e elevado status social, e ainda assim ele os abandonou para buscar uma verdade interior e encontrar a paz de espírito. As coisas que causam a felicidade ordinária não são ruins. De fato, são coisas boas de ter e usufruir; não há o porquê de rejeitá-las. O perigo surge se o nosso apego a elas começa a nos cegar. Podemos ter desejos modestos, como o desejo por uma promoção ou por um cruzeiro pelas ilhas gregas, ou mais ambiciosos, tais como o desejo de tornar-se presidente da companhia ou de fretar um transatlântico para uso pessoal e de alguns amigos. Precisamos examinar a mente e verificar se estamos realmente obtendo felicidade com essas coisas ou se não estamos apenas nos deixando cair em armadilhas que nos farão sofrer ainda mais.

É preciso sabedoria, é preciso ter algum senso de abandono quanto ao desejo e apego, mesmo quando continuamos acumulando o que queremos. Se não for assim, perdemos o foco de nossa jornada, acumulamos sonhos comuns e entregamos a nossa liberdade de bandeja. Em um determinado momento, precisamos encontrar a verdade de nossa impermanência. Seria um grande sofrimento perceber, bem no momento da morte, que todo o trabalho por que passamos, todos os nossos esforços e realizações, foram dedicados a coisas nas quais não enxergamos, no fundo, qualquer sentido.

Com isso em mente, examinaremos as causas que precisamos transformar e os métodos para realizar isso. O ponto importante aqui é compreender que obtemos a nossa liberdade não quando renunciamos ao sofrimento em si, mas quando renunciamos às causas do sofrimento. Uma vez que surge o sofrimento, temos que vivenciá-lo. Não podemos voltar no tempo e mudar as ações que o causaram, como não podemos desplantar a semente da macieira que gerou a maçã que agora temos em mãos.

6

Lidando com a confusão

Às vezes, somos respeitosos demais com o nosso sofrimento e, assim, permitimos que ele domine nossa vida. Mas podemos confrontar e enfrentar seu poder de limitar nossa felicidade. Quando o fazemos, começamos um caminho diferente, com uma nova direção. Sendo nosso objetivo superar a confusão e despertar completamente, precisamos começar nos relacionando com a mente confusa, trabalhar com ela diretamente. Dessa forma, precisamos passar por algum tipo de treinamento que nos capacitará a trabalhar efetivamente com a nossa mente. Precisamos desenvolver certas habilidades e, assim, precisamos primeiramente compreender a finalidade de obtermos essas habilidades.

Antes de embarcarmos em um treinamento desse tipo, no entanto, seria útil reconhecer que a própria noção de "treinamento" não é algo extraordinário. É uma parte natural de nossa experiência de vida. Treinar faz parte de crescer, é como nos desenvolvemos como indivíduos e encontramos o nosso lugar no mundo. Também é essencial entender o que estamos treinando. Poderíamos também nos perguntar: "Por que esse treinamento todo é necessário?" Precisamos reconhecer que nossa mente não é apenas uma mente ocupada, mas que também há áreas dela que estão em um estado de escuridão ou ignorância, similares ao estado de sono profundo. Essa escuridão nos impede de ver com clareza e fazer as coisas corretas. Precisamos lançar luz sobre essas áreas e assim torná-las mais conscientes — acordá-las. Uma vez despertas, podem então ser treinadas. Enfim, praticamos a presença mental:* vigiar a mente e colocá-la aos poucos de volta ao momento presente. Talvez esse seja o componente mais essencial de qualquer treinamento. Não podemos nos deixar vagar mentalmente para outros lugares, enquanto estamos treinando a nós mesmos aqui.

TREINAMENTO BÁSICO PARA A VIDA

A ideia do treinamento e de melhorarmos a nós mesmos é parte do tecido da cultura ocidental. Fazemos isso o tempo todo, de um jeito ou de outro. Nosso treinamento começa em nossa vida de família e continua em nossa vida na escola e no trabalho. Aprendemos conhecimentos e habilidades básicas, como nos portar em ambientes sociais. Uma vez que tenhamos aprendido essas bases, elas se tornam as fundações para desenvolvermos nosso próprio caminho na vida. Podemos não pensar esse simples treinamento pelo qual passamos como um caminho, como pensamos o nosso caminho espiritual, mas reconhecemos que qualquer objetivo é precedido por um caminho que leva até ele. Não vamos aonde queremos apenas apontando um ponto em um mapa. Não nos tornamos médicos simplesmente dizendo "quero ser um médico".

O treinamento básico no caminho budista envolve trabalhar o nosso ser como um todo — corpo, fala e mente. Nada é deixado de lado. Nosso treinamento durante a vida cobre o mesmo território. Para treinar o nosso corpo, podemos ir a uma academia, fazer aulas de dança, aprender ioga e seguir uma dieta saudável. Se, por outro lado, quisermos correr uma maratona, dançar balé ou nadar nas Olimpíadas, precisaremos realizar um treinamento físico muito mais intenso.

O treinamento da fala começa com habilidades básicas da língua, que se tornam nossos meios de expressão e comunicação. Tudo o que fazemos é afetado por nossa fala. É assim que estabelecemos relacionamentos, repassamos informações e expressamos os nossos sentimentos. Precisamos saber como utilizá-la para dizer tudo, desde "oi" até "tchau" — e especialmente as coisas mais simples, como "te amo" e "desculpa". Há no Ocidente toda uma indústria voltada para melhorar as nossas habilidades de comunicação. Uma pergunta padrão em formulários de emprego é como avaliamos as nossas habilidades de comunicação. Se guardamos alguma dúvida quanto à nossa capacidade, podemos perguntar sobre ela ao nosso parceiro. Ele ou ela ficarão felizes de nos relatar qual é nossa situação com relação a isso.

---

* N. do Trad.: *Mindfulness*.

Treinar a mente envolve tanto acumular conhecimentos sobre o nosso mundo quanto aprender a pensar clara e criticamente. Essas coisas são objetivos universais de nosso sistema educacional. Uma vez que estamos armados de conhecimento e de capacidade de raciocínio, podemos reconhecer problemas e solucioná-los. Podemos identificar oportunidades e fazermos bom uso delas. Obtemos os meios com os quais compreendemos nosso mundo e encontramos um lugar significativo nele.

O que ocorre quando não temos esse treinamento? Estamos em desvantagem, seja qual for o aspecto da nossa vida em questão. Contudo, quando temos esse treinamento, corpo, fala e mente funcionam melhor, e se tornam ferramentas mais úteis para nos ajudar a atingir os nossos objetivos. Passam a trabalhar a favor da nossa felicidade e não contra ela.

O caminho budista assemelha-se a isso, sendo uma experiência de aprendizado de vida. O currículo, porém, é ligeiramente ajustado para atingir o seu objetivo: despertar-nos, acordar a mente que dorme. Dessa forma, nossa educação consiste em aprender como exatamente fazer isso. Em primeiro lugar, é uma forma de treinar a nossa mente, a nossa inteligência natural desperta, para, digamos, acabar com a paz, para tornar difícil permanecer dormindo confortavelmente. O buddha rebelde executa isso, fazendo brilhar a luz do despertar do conhecimento onde quer que a escuridão da perplexidade, da ignorância e da delusão se reúnam ou se escondam em nossa mente. É assim que treinamos para atingir o nosso objetivo de liberdade individual. Exige trabalho e compreensão. Não nos tornamos buddha — despertos — em um estalar de dedos ou esperneando.

Antes de começar a treinar, precisamos nos perguntar: "O que exatamente estou tentando realizar, desenvolver ou melhorar? Qual é a finalidade desses treinamentos?" Algumas vezes, em um caminho espiritual, nem chegamos a fazer essas perguntas. Satisfazemo-nos com a ideia de que estamos em uma direção geral de melhoria. Mas, aqui, precisamos ter uma compreensão mais clara e mais concreta de nossos objetivos e de como alcançá-los. Em outras palavras, em nosso caminho espiritual precisamos compreender e tomar vantagem do princípio de causa e efeito. Precisamos aplicar essa lógica.

A MENTE QUE ESTAMOS TREINANDO

Um dos objetivos de nosso treinamento é aprender a ver a mente como um todo, de forma a compreender seus problemas e reconhecer do que ela precisa. O Buddha ensinou que há certos estados mentais subjacentes à nossa atividade consciente convencional que estão trancados na escuridão, em um estado similar a um estado de sono profundo. Podemos ser capazes de despertar alguém levemente adormecido com um toque gentil ou um som suave, mas alguém em um sono pesado não responderá tão facilmente. Nesse ponto, estamos trabalhando com estados mentais profundos de torpor e ausência de resposta. Eles precisam de oxigênio e luz para voltarem à vida. Quando começamos a conhecer a mente mais profundamente, podemos olhar além da superfície da mente, e ver esse estado básico de perplexidade e confusão.

A mente na escuridão

Esse estado mental de escuridão é um obstáculo imprescindível para nós. Nesse estado perplexo de desconhecimento, não há uma sensação de abertura, nenhum sentido de conhecimento ou de compreensão. Quando essa mente domina, não sabemos nem mesmo o que não sabemos. Não estamos cientes de estar na escuridão e, mais do que isso, não temos interesse em saber. Esse é o problema principal. Não estamos apenas deludidos, mas também não estamos nem ao menos curiosos. Não há sentido de busca, nenhuma ânsia por conhecimento. Nesse estado de escuridão total, começamos a culpar os outros: "Como é que eu poderia saber que o limite de velocidade era 40km/h? Não havia sinalização!" ou "Eu não sabia que tinha que ir a essa reunião. Ninguém me disse!" Isso mostra falta de interesse. Com um pouco mais de curiosidade e menos preguiça, não teria sido tão difícil descobrir essas coisas.

Outro aspecto desse sentido geral de perplexidade é uma falta de autoconsciência. Tendemos a não estar cientes de nós mesmos e de nossas ações. Apesar de geralmente pensarmos que estamos bem conscientes nas situações cotidianas, muitas vezes não temos ideia do que estamos dizendo ou fazendo — até que seja tarde demais. Então, pensamos: "Que mer**! Eu não devia ter dito isso para o meu parceiro. Agora esse assunto vai voltar toda hora, durante um tempão." E podemos até já estar ouvindo a mesma conversa há anos. O ponto é que o que dizemos e o que fazemos pode ter um forte impacto no mundo, muito além do que pretendemos ou imaginamos. Esse impacto não diz respeito só ao que acontece conosco, mas também ao que os outros — quem quer que esteja envolvido em nossas escorregadelas — têm que aguentar.

Esses dois estados mentais — a perplexidade e a ignorância — geralmente estão além de nossa percepção consciente. Mesmo assim, precisam ser transformados. Para que isso ocorra, em primeiro lugar precisamos reconhecer que estão presentes. Só a partir disso o buddha rebelde pode começar a operar neles e despertá-los.

A mente sob o holofote

Outro aspecto da mente que precisamos olhar mais de perto é o emocional. Embora as emoções sejam mais facilmente visíveis, não as conhecemos tão bem quanto pensamos. Podemos ver o sofrimento imediato que causam, mas geralmente não nos vemos usando as emoções como base para fortalecer nosso apego a nós mesmos ou para fortalecer a importância que damos a nós mesmos, essas que são causas mais profundas de sofrimento. Fazemos isso nos identificando com nossos estados emocionais e então nos orgulhando de ser um determinado tipo de pessoa: "sou uma pessoa difícil", "sou ciumento" ou "sou cheio de luxúria". Seja como for, isso faz nos sentirmos especiais. Obtemos algum tipo de prestígio, pelo menos na nossa cabeça, por nosso temperamento. Não somos ninguém e temos a nossa raiva ou o nosso desejo para nos mostrar isso. Desse modo, as nossas emoções se tornam outra forma de delusão.

A experiência efetiva das emoções é algo diferente. Elas naturalmente surgem e desaparecem. Quando elas aparecem, são cheias de cor e energia, e quando se vão, não sobra nada. A chave é lembrar que quando uma emoção surge, é só um pensamento simples no início — nada mais do que isso. Mas nós levamos as emoções mais adiante. Devemos respeito a elas, temo-nas em alta estima. E, repentinamente, elas se tornam muito importantes — as emoções transformam-se nas celebridades e nos carrões dos nossos pensamentos. Em comparação, todos os outros pensamentos parecem conversa-fiada e tediosos.

Às vezes, nós nos envolvemos tão fortemente a uma emoção que ela causa reações físicas. Um ataque repentino de raiva pode bater como uma injeção de adrenalina e fazer o nosso coração pular. Um surto de ciúmes pode nos deixar acordados a noite toda, tecendo historinhas e justificativas. E mesmo no dia a dia: podemos carregar tensões emocionais em nosso corpo, na forma de vários tipos de dor — de dores de cabeça a dores nas costas — e até como náusea. Podemos nos sentir cansados o tempo todo e ainda assim não conseguir dormir, ou nos sentir tão ligados que não conseguimos nos acalmar. Quanto mais tempo damos às nossas emoções e mais fortemente nos apegamos a elas, mais profundo e generalizado são os seus impactos sobre nós. Ainda assim, ao mesmo tempo que culpamos as nossas emoções pelas tensões que nos causam, prestamos homenagens a elas. Não interessa se nos levam mais para perto do céu ou do inferno, seguimos admirando o seu insuperável poder de nos afetar.

É um princípio básico do mercado que tudo de que se precisa para vender algo é seguir reforçando a importância do produto. Determinada hora, todo mundo desejará o seu *gadget*, precise você dele ou não. Da mesma forma, estamos continuamente vendendo para nós mesmos a importância de nossas emoções, acabamos sendo tanto vendedores quanto compradores, tanto o médico charlatão quanto o paciente trouxa. Quem lucra com isso? Quem paga por isso e por quanto tempo? A alternativa é reconhecer que as emoções são parte de nossos processos de pensamento de forma geral e que os processos de pensamento são temporários. Quando podemos dizer "ah, estou tendo um pensamento de irritação ou um pensamento de ciúmes", isso significa que estamos cientes de nossa experiência e de sua natureza transitória. Desse modo, estamos a caminho de transformá-la.

Mente que não tem jeito

Às vezes, nós nos abandonamos. Da mesma forma que caímos em estados de ignorância e de delusão, podemos também cair em estados de mente desprovidos de confiança. Começamos a olhar para nós mesmos com desprezo. Perdemos a autoestima e o autorrespeito. Não confiamos em nossa capacidade de seguir o caminho e encarar os seus desafios. Podemos pensar que temos uma noção favorável de nós mesmos, mas o problema é que ela é bem superficial. Além da superfície de nosso otimismo, há uma sensação de que não tem jeito. Bem na hora em que precisamos de coragem e convicção para dar outro passo na direção da liberdade, nossa confiança desaparece.

Podemos pensar que, enquanto os ensinamentos do Buddha podem até ajudar outras pessoas, nunca conseguirão nos ajudar. Nesse estado mental, abandonamos a nossa resolução. Se caímos nessa mentalidade, precisamos reconhecer com a nossa inspiração original e a nossa determinação. Precisamos dizer a nós mesmos: "Sim, sou capaz. Posso me guiar em meio a isso. Também tenho o potencial para atingir meus objetivos." Claro, podemos seguir, ao mesmo tempo, confiando na sabedoria e compaixão do Buddha, na eficácia dos ensinamentos e no apoio dos amigos espirituais. Não há nenhum conflito, mas, no final das contas, precisamos trabalhar a nossa própria liberdade. Para atingir o nosso objetivo, precisamos não só abrir a porta, mas passar por ela.

Precisamos confiar que não somos um caso "que não tem solução", não importa o quão sonolenta, selvagem ou louca a nossa mente pareça. A forma de desenvolver confiança no caminho budista é com um processo de treinamento da mente. É assim que percebemos por nós mesmos que essa estrada leva, de fato, à liberdade. Cada um dos treinamentos pelos quais passamos na disciplina, na meditação e no conhecimento superior nos ajuda a ver o relacionamento entre causa e efeito, e também acumular o conhecimento e as habilidades que precisamos para romper os nossos padrões habituais. Ao trazermos mais presença mental e consciência para a nossa vida, desenvolvemos um nível de comunicação com a nossa mente, que vai bem além do que tivemos até agora. Aproximamo-nos da mente, tornamo-nos mais íntimos e conhecedores de sua natureza. O resultado é que, enfim, fazemos amizade com essa desconhecida. Quando o nosso relacionamento com a mente é baseado em confiança, e não em ignorância, em medo ou na sensação de que não há solução, ela se torna calma, límpida e aberta. Assim, a mente se torna uma base para qualquer coisa que desejemos realizar.

A PRESENÇA MENTAL É NOSSA ALIADA

Para que qualquer forma de treinamento funcione, temos que estar presentes e conscientes. A nossa mente precisa estar com o nosso corpo. Portanto, uma das primeiras coisas que aprendemos é a prática de presença mental. Essa prática consiste em simplesmente nos colocarmos por completo no momento presente e continuarmos a nos recolocar nele toda vez que percebemos que nos distraímos. Temos duas coisas acontecendo: uma é a nossa consciência de estar no presente, e a outra é a presença mental que nos vê saindo do presente e nos coloca de volta nele. Para nos manter focados no momento presente e conscientes do frescor de nossa experiência, precisamos permanecer conscientes, repetidamente presentes nessa consciência.

O ato de trazer a mente ao presente é autodisciplina. A tendência da mente de ir para esse ou aquele lado, do presente para o passado, do passado para o futuro e então de volta é interrompida. É como quando a campainha toca no início de uma aula e o professor pede ordem na sala. Por um momento, todo o caos se dissipa, e temos alguns segundos de atenção unificada calma e simples. Da mesma forma que as crianças, a mente tem dificuldade em se manter parada por muito tempo. Ela fica inquieta e começa a se mover. Qualquer professor nos dirá que nenhum aprendizado pode ocorrer enquanto as crianças estiverem se mexendo em suas classes. O mesmo ocorre quando estamos treinando nossa mente. Precisamos lembrar-nos de permanecer presentes e prestar atenção.

Todo o nosso treinamento confia nessas duas práticas: presença e consciência. A consciência é estar no agora. A presença mental significa se lembrar ou não esquecer de vigiar a mente, percebendo quando ela se desvia do presente. No momento em que reparamos que ela se desvia, retomamos a consciência do presente. Sem a atividade da presença mental, acabamos nos perdendo no fluxo contínuo de pensamentos e a nossa consciência se torna uma criança perdida em uma densa floresta.

Entre os dois elementos, geralmente, enfatiza-se mais a presença mental, já que ela é responsável por manter a continuidade de nossa consciência. "Presença mental" significa relembrar, vez após vez. Tem certa qualidade de repetição. É assim que desenvolvemos todos os nossos padrões habituais, sejam eles positivos ou negativos — pela repetição. Assim, nesse caso, ao cultivar o sentido de uma presença cuidadosa, estamos estabelecendo uma tendência positiva, que tem o poder de transformar qualquer tendência negativa.

Quando estamos presentes, percebemos o fluxo das coisas. Há um sentido de continuidade em nossa consciência, uma experiência completa do momento presente. Comumente, quando vemos algo, não o vemos completamente ou de forma clara. Nossa visão é interrompida por pensamentos, conceitos e todo tipo de distrações. É por isso que poucas pessoas são realmente boas testemunhas. Se presenciamos um assalto e somos indagados pela polícia, dizemos: "Sim, vi tudo, mas... não sei bem o que aconteceu." Não conseguimos dizer ao certo quem segurava a arma ou quantos tiros foram dados. Mesmo as nossas memórias de eventos vívidos são, às vezes, muito vagas. Se estamos verdadeiramente presentes e alertas, e não estamos distraídos, porém, não deve faltar nada em nossas observações.

Juntas, a presença e a consciência produzem uma qualidade de atenção que é precisa e clara. Temos clareza sobre os próprios pensamentos. Temos clareza quanto ao que vemos, ouvimos e sentimos. Quando agora vemos algo, sabemos precisamente o que está acontecendo. Há uma precisão muito refinada e além das palavras.

Podemos encarar assim: a nossa mente é como uma casa e a nossa presença é como o inquilino dessa casa. Já que não queremos nenhum intruso ou convidado indesejado, fechamos todas as portas e janelas dessa casa. Agora, ninguém pode entrar sem a nossa permissão. Ninguém poderá entrar sem se anunciar. Essa é a função da presença mental — prestar atenção ao que está tentando entrar na mente. Se um pensamento raivoso tenta entrar em nossa mente, ele não pode entrar a não ser que abramos a porta. A nossa finalidade não é evitar tudo, pura e simplesmente, mas permanecer conscientes do ambiente e do que está acontecendo. Assim, podemos lidar com o que for de forma adequada. Podemos abrir a porta para nosso pensamento raivoso, podemos ouvi-lo e então podemos pedir que ele vá embora. O que reconhecemos como pensamento nós não confundimos com quem realmente somos. Esse é o ponto. Muda a nossa experiência. Em vez de pensar "agora estou mesmo com raiva", pensamos: "Ah, olha só, um pensamento raivoso entrou em minha mente." É fácil se livrar de um pensamento que é como um convidado em nossa mente. Isso é mais difícil quando assumimos a identidade do convidado. Nesse caso, quem pediria para ele ir embora?

Podemos sempre praticar a presença mental, independentemente de onde estivermos ou do que estivermos fazendo. Ela é essencial para todos os outros métodos, e para trabalhar com o corpo, com a fala e com a mente. Podemos estar caminhando na rua, sentados em meditação ou lendo um livro, não importa. Essa prática é a nossa maior amiga e aliada no caminho espiritual. É o cartão de visitas do buddha rebelde e a grande inimiga da ignorância.

Os três treinamentos

Os DIVERSOS MÉTODOS do treinamento da mente no caminho budista são meios que utilizamos para levar luz, paz e confiança para os estados mentais de escuridão, agitação e descrédito que nos fazem sofrer. Esse treinamento está dividido em três áreas: disciplina, meditação e conhecimento superior. Uma vez que estejamos nos relacionando com a ideia de treinamento, e sabendo o que estamos treinando e concordando em permanecer cada vez mais presentes nesse processo, iniciam-se os três treinamentos. Esses treinamentos nos ajudam tanto a despertar quanto a atingir liberação individual.

DISCIPLINA: REFRESCO, CALMA E PONDERAÇÃO

Quando falamos em disciplina, não estamos falando em transformar uma criança malcriada em uma criança boazinha. Não significa flagelar a própria mente com uma vareta ou chicoteá-la até que ela se submeta a nós. Também não é um complô para deixar a sua vida sem graça. Assim como a palavra "emoção", a palavra "disciplina", no sentido budista, tem vários sentidos que não estão aparentes no uso comum do português. Em primeiro lugar, o termo carrega um sentido de "refrescar". É como passar um dia muito quente de verão na rua e, bem na hora que começamos a nos sentir mal por causa do calor, encontrarmos alívio sob a sombra de uma árvore. Sentimo-nos muito felizes por estar sentados à sombra, e logo começamos a nos sentir mais calmos e em paz. Esse é um exemplo do resultado de praticar a disciplina: alívio frente ao intenso incômodo que sentimos na prisão de nossos padrões habituais comuns.

A disciplina também carrega o sentido de "por conta própria" ou de "se manter de pé pela própria força". Significa que não precisamos sempre ser guiados por alguém, como quando éramos crianças. Quando jovens, claro, tínhamos muitas figuras de autoridade — nossos pais, os professores e os conselheiros na escola que ensinavam o que devia ser feito. Aprendemos as regras de como nos portar em casa, na escola e em público. Mas já que passamos por tudo isso, agora percebemos que somos capazes de ser nossos próprios guias, o que é um reconhecimento libertador. Da mesma forma, em determinado momento do nosso caminho espiritual, chegamos a um ponto onde somos capazes de avaliar as nossas ações e corrigir os próprios erros.

No fim das contas, cada um de nós é o melhor juiz e conselheiro para si mesmo, uma vez que conhecemos os nossos padrões melhor do que qualquer outra pessoa. O problema de depender de professores é que sempre apresentamos o nosso melhor ângulo quando estamos na presença deles. Se somos realmente bons em nos apresentar, acabamos por ser uma pessoa na presença deles e outra totalmente diferente quando saímos porta afora. Sendo assim, como o professor poderia nos guiar? Às vezes, os alunos têm até medo de seus professores e acabam por tentar "seguir as regras" ou imitar a boa conduta, por mero receio de que o professor fique chateado com eles. Nosso treinamento em disciplina não deve se basear em nenhum tipo de medo. Isso não é a disciplina verdadeira. A disciplina verdadeira vem de um desejo profundo de encontrar a própria liberdade.

Ética como presença mental

Partindo de um certo ponto de vista, praticar a disciplina envolve seguir um caminho de conduta ética: certas ações devem ser evitadas e outras encorajadas. Baseados nisso, podemos achar que a disciplina é só seguir regras e fazer esforço. Porém, a intenção principal desse treinamento é fazer com que nós fiquemos cientes de nossas ações, reconhecendo-as claramente e, assim, sendo capazes de reconhecer as que são prejudiciais e as que são benéficas. Estar ciente de todas as ações e tomar cuidado para não prejudicar os outros ou a nós mesmos é indicativo de uma mente disciplinada. Isso significa que precisamos examinar as nossas suposições sobre o que constitui uma ação positiva ou negativa. Algumas ações podem ser positivas em determinado contexto social, mas negativas em outro. A disciplina vai além de só seguir um conjunto de regras. Requer discriminação, empatia e honestidade genuínas. De todo modo, é a nossa própria disciplina que estamos desenvolvendo. Somos nós que estamos na estrada, trilhando o nosso próprio caminho até a nossa liberdade.

Tornar-se uma pessoa disciplinada significa cultivar presença mental e consciência, de forma a reconhecer as nossas ações de forma clara e precisa. Ser disciplinado significa que temos uma visão panorâmica: vemos os nossos pensamentos e as intenções desses pensamentos; vemos como as nossas intenções se desenvolvem e, enfim, são expressas através da fala ou de outras ações. Além disso, vemos o impacto de nossas ações sobre nós mesmos, sobre os outros e sobre o nosso ambiente. Quando aplicamos a presença mental e a consciência a esse processo como um todo, vivenciamos mais liberdade. Não estamos limitados a apenas repetir as nossas tendências habituais ou realizar cegamente o que achamos que deve ser feito. Podemos escolher dizer o que está em nossa mente e o que parece nos queimar por dentro para ser expressado, ou podemos fazer uma pausa e espairecer um pouco. Esse é um momento de buddha rebelde: estamos prestes a cair novamente em uma cilada e algo nos liberta, salvando-nos do desastre. Essa é a inteligência básica, a mente desperta, que passa a agir. No início, é mais provável que caiamos nas armadilhas, mas, pouco a pouco, a mente de buddha rebelde se torna tão ágil e precisa em nossas ações que podemos começar a relaxar, mesmo sob forte fogo emocional.

Não é suficiente tentar manter presença mental e ser disciplinado apenas uma vez, e então dizer: "Bem, tentei, mas não funcionou." Leva tempo. É preciso tentar repetidas vezes e, então, em determinado ponto, poderemos sentir a energia transformadora. Independentemente de mudarmos ou não o jeito de fazermos as coisas, descobrimos que isso muda a forma com que nos relacionamos com as nossas ações. Se temos o hábito de gritar ordens para as pessoas em nosso trabalho, é possível que isso continue ocorrendo. Porém, pode ser que nos relacionemos com os nossos gritos de forma bem diferente.

Rompendo os padrões habituais

O Buddha chegou a uma lista de dez ações que podem ser consideradas positivas, no sentido de que contribuem tanto para o desenvolvimento do indivíduo quanto para as condições harmoniosas dentro da sociedade. Dessas dez, três se relacionam a ações de corpo, quatro a ações de fala e três a ações da mente. Além disso, ele ensinou que, quando aplicamos a presença mental e a consciência a todas as nossas ações de corpo, fala e mente, alcançamos algo mais: começamos a dilacerar o poder de nossos padrões habituais. Desestabilizamos a sua energia usual, assim que reconhecemos que estamos apenas repetindo os dramas usuais. Quando ganhamos consciência de nossos padrões, cada vez que um determinado hábito reaparece — por exemplo, uma tendência a reagir com raiva — ele é diferente, porque não tem a mesma força ou sentido de solidez. Enquanto nos libertamos de nossa prisão a nossos padrões, desenvolvemos um estado mental mais pacífico, positivo e claro. Ao descuidadamente nos entregarmos a esses hábitos, por outro lado, apenas aprofundamos o seu poder sobre nós.

As dez ações positivas que ajudam a termos uma vida desperta e compassiva são expressas como dez coisas que devemos evitar. Em termos de ações corporais, disciplina significa entender que, geralmente, é prejudicial matar ou roubar outros seres, ou nos comportarmos de forma inapropriada sexualmente. Em termos de fala, vemos que é geralmente prejudicial mentir para os outros, fazer comentários depreciativos ou que causem inimizades; falar de forma rude, ou gastar tempo com conversa-fiada. Em termos de mente, vemos o prejuízo que advém de sermos invejosos e maliciosos, de mantermos ressentimentos, e de cometermos o erro de não acreditar em causa e efeito. Essa última crença é considerada o problema mais sério de todos, porque, se não acreditamos que uma ação negativa está ligada a um resultado negativo, é possível acharmos que podemos matar, mentir e ser odiosos, e ainda assim esperarmos ser livres, honrados e felizes. Esse é o maior dos enganos.

Podemos ver como isso funciona, se observarmos a experiência de nossa mente quando nos engajamos em diversos tipos de ações. Quando fazemos algo positivo, como ajudar um amigo em necessidade, oferecer palavras gentis a um desconhecido ou simplesmente pensar em outra pessoa com uma atitude de amor e compaixão, o efeito em nossa mente tende a ser calmante. Sentimo-nos mais relaxados, abertos e lúcidos. Em contraste, quando fazemos algo negativo, como brigar com o nosso companheiro, roubar alguma coisa do escritório ou cobiçar os pertences do vizinho, nossa mente se torna mais agitada, tensa e nebulosa. Em outras palavras, todas as nossas ações, seja as que permanecem no nível do pensamento ou as que são expressas em ações de corpo ou fala, têm algum tipo de impacto sobre a mente.

Obviamente, se estamos em um ambiente que dá suporte a nossos hábitos negativos, é mais difícil ir além deles. Portanto, é útil olhar para os nossos arredores, para a cultura de nossa casa, de nossa vizinhança ou do ambiente de trabalho. Qualquer tendência que tenhamos com relação a sermos grosseiros será reforçada, se as pessoas ao nosso redor forem orientadas por competição e inveja. Se temos a inclinação de não sermos muito confiáveis em questões financeiras, de realizarmos cobranças abusivas a clientes ou de fraudarmos impostos, essas tendências são reforçadas quando a cultura em nossa comunidade de negócios aceita e recompensa essas práticas. Se crescemos em uma atmosfera de intimidação e de violência, ainda que a agressividade não seja a nossa tendência natural, podemos acabar assumindo esse comportamento.

Essencialmente, quando falamos de disciplina e ética, estamos simplesmente falando em substituir hábitos velhos e autossabotadores por hábitos novos e construtivos. Há muitas razões para fazermos o que fazemos e, quando olhamos além de nossos padrões habituais e condicionamentos do ambiente, vemos que a causa subjacente a tudo isso é a mente da ignorância — não saber e não se interessar em vir a saber. Já que, a princípio, não podemos remediar ou reconhecer isso diretamente, começamos com a tarefa de nos tornarmos cientes de nossas ações. Trabalhamos de cima para baixo ou de fora para dentro, carregando a luz da consciência conosco. Dessa forma, certo dia, essa luz chegará até o nível mais profundo do nosso ser.

Além do faça isso, não faça aquilo

Cada um de nós precisa dar um jeito de arranjar um espaço na sua própria vida, para se concentrar no caminho de liberdade individual. Algumas pessoas escolhem um ambiente de solidão, seja literal ou figurativa. Colocam uma placa dizendo "propriedade privada". Não podemos falar com eles, não podemos tocá-los. Se o fizermos, eles fogem ou ficam em silêncio. Não é necessário tudo isso, é claro, mas é essencial que cada um de nós encontre um certo grau de solidão interna, um espaço sem perturbação, onde possamos trabalhar as nossas questões e descobrir a própria fagulha interna, o entusiasmo que serve como combustível para o nosso interesse e nos mantém sempre em frente. Mas é importante que não transformemos isso em uma missão grandiosa, na qual, repentinamente, temos que nos libertar de todas as coisas. Isso não vai acontecer.

Podemos buscar liberdade de quaisquer turbulências emocionais pelas quais passamos em determinado momento ou podemos nos focar em um certo padrão habitual. Um dos meus professores disse, certa vez: "Trabalhe primeiro com aquilo que é mais fácil — o elemento menos neurótico de sua mente — e liberte esse elemento. Então, aplique-se ao próximo e assuma o compromisso de libertar esse outro elemento, com toda a força e poder do seu coração." É um bom conselho. Dessa forma, acumulamos pedacinhos de liberação, como se fossem peças de um quebra-cabeça, e, quando as reunimos, descobrimos que temos liberdade completa de todos os padrões habituais, de todas as causas de sofrimento. Por outro lado, se quisermos, podemos seguir acumulando ações negativas e, assim, colecionando cada vez mais confusão e sofrimento. A escolha é nossa.

Repito, não devemos tomar este treinamento como uma série de "faça isso, não faça aquilo". Ele não é uma lista de exigências éticas que alguém precisa realizar para, então, virar budista. Precisamos lembrar por que estamos fazendo tudo isso. A finalidade é, simplesmente, despertar. De outra forma, estaremos apenas reforçando um código prescrito, como a legislação de um governo. Certa vez, ouvi sobre uma lei estadual, que exigia que as pessoas se registrassem para obter uma certidão de óbito duas semanas antes de morrer. É esse tipo de absurdo que pode ocorrer quando ficamos preocupados demais com regras e diretrizes, chegando ao ponto de esquecermos de confiar em nossa inteligência.

MEDITAÇÃO: UMA REUNIÃO COM A PRÓPRIA MENTE

A meditação traz estabilidade, calma e claridade à nossa mente ocupada e agitada. Sem a ajuda da meditação seria difícil ter sucesso no treinamento da disciplina. Precisamos de uma mente focada, calma e estável para ver nossas ações com clareza. Ao treinar em meditação, portanto, tornamo-nos capazes de treinar em disciplina.

A questão aqui é: o que estamos fazendo ao meditar? Há muitos tipos diferentes de meditação, mas os métodos principais associados ao treinamento na meditação são a meditação do tranquilo permanecer (*shamatha*) e a meditação de ver com clareza ou discernimento (*vipashyana*). A meditação do tranquilo permanecer algumas vezes é chamada de "meditação de repouso" ou "meditação de sentar". É um rótulo preciso, porque não fazemos, nessa prática, muito mais do que sentar e olhar para a mente. Uma vez que tenhamos aprendido a acalmar e estabilizar a mente, seremos capazes de praticar a meditação de ver com clareza, que traz um nível mais profundo de discernimento ou uma visão direta da natureza da mente. Isso não funciona muito bem quando a mente está agitada e se dispersa facilmente. Instruções detalhadas de prática podem ser encontradas no Apêndice 1.

Independentemente do método que utilizamos, a meditação não é nada mais do que vir a conhecer a mente. Não se trata de meditar sobre algo ou de entrar em algum estado onde se ficaria extasiado e separado dos conteúdos da mente. Pelo contrário, o sentido verdadeiro da meditação é se acostumar a ficar junto da própria mente. Anteriormente, falei sobre o desconhecimento da própria mente — a mente como o desconhecido na vizinhança. Agora, estamos descobrindo como mudar esse relacionamento.

Frequentemente, quando queremos conhecer alguém, podemos sugerir um encontro em algum lugar, para tomar chá. Descobrimos um bom estabelecimento, um local silencioso com acentos confortáveis, pedimos nossas bebidas e sentamos juntos. No início, a conversa é superficial, mas, quanto melhor nos conhecemos, mais confortáveis ficamos um com o outro, e uma troca honesta e aberta começa a acontecer. Nosso novo amigo passa a falar cada vez mais sobre a sua vida. Em um determinado ponto, começamos a sentir que já sabemos algo sobre essa pessoa, que temos uma ideia do que ela está vivendo. Sentimos alguma conexão e simpatia. Do nosso lado, temos que também começar a compartilhar o que está acontecendo em nossa vida. Se quisermos nos tornar bons amigos dessa pessoa, no entanto, precisamos aprender a ouvir primeiro. Temos que ficar totalmente presentes e deixar a pessoa falar. Se, por outro lado, interrompermos e dominarmos a conversa, um diálogo significativo nunca se formará. Nosso encontro não resultará em conhecimento mútuo. Em certo momento, descobrimos que não interessa o quão problemático ou desnorteado seja nosso novo amigo, sempre será possível achar algo genuinamente bom e decente dentro daquela confusão.

Vir a conhecer a própria mente pela meditação também funciona mais ou menos assim. Queremos conhecer a nossa mente de uma forma mais profunda, então separamos um tempo para isso. Marcamos um encontro, e descobrimos um lugar silencioso onde podemos sentar confortavelmente e ficar um tempo com essa nova conhecida chamada "minha mente". Nesse caso, nossa prática de meditação em posição sentada é como o café, o lugar de encontro. Há umas boas almofadas para sentar, olhamos um para o outro e, então, a mente começa a tagarelar. De fato, inicialmente, ela não para de falar. Tudo que se precisa fazer é ser um bom ouvinte. Ela vai seguir um bom tempo contando tudo o que aconteceu no passado ou que pode acontecer no futuro. E não interessa o que ela diga, seja bobagem ou sabedoria, imaginação ou realidade, tudo o que precisamos fazer é ouvir.

Ao permanecer ali e ouvir, em determinado ponto apreendemos o que está ocorrendo na mente. Tornamo-nos capazes de reconhecer seus problemas e formular bons e úteis conselhos. Se começamos a diagnosticar logo de início, esses conselhos prematuros não levam a lugar algum. Se esperamos até o fim da história, torna-se possível guiar a mente em uma direção produtiva e benéfica, que reduzirá o sofrimento e aliviará a turbulência emocional. Porém, saber o que é benéfico é uma coisa, obter a cooperação da mente é outra. É por isso que desenvolver esse relacionamento é tão importante. Se virmos um cara esquisito na rua fazendo algo estúpido e dissermos "Ei, você aí! Não faça isso", será que ele nos ouvirá? Não, provavelmente não. Mas se for alguém que conhecemos bem e dissermos:

"Ei, amigo, por favor, para com isso", há uma chance bem maior dessa pessoa nos ouvir e tentar parar o que está fazendo. Ocorre o mesmo com nossa mente. Se ela for uma desconhecida e, de tempos em tempos, nós a descobrirmos fazendo algo negativo e dissermos para ela parar, ela não vai nos ouvir. Mas, uma vez que tenhamos desenvolvido um relacionamento e nos tornado amigos, a mente se torna muito mais fácil de lidar, muito mais razoável e aberta à mudança. Teremos uma boa história para contar e o nosso amigo vai parar para ouvi-la.

Da mesma forma que fazemos um novo amigo, quando desenvolvemos um relacionamento verdadeiro, honesto e aberto com a mente, descobrimos que, apesar de tudo — ansiedades, lutas, turbulências emocionais —, há algo no coração da coisa toda que é inegavelmente positivo. Há qualidades de bondade, compaixão, integridade e sabedoria evidentes ao longo de toda a confusão da mente, e essas coisas brilham mais do que todos os defeitos de nossa mente.

CONHECIMENTO SUPERIOR: VER COM CLAREZA

O célebre filósofo e pai do moderno método científico, Francis Bacon, disse: "Conhecimento é poder." Poder implica grande capacidade, força, autoridade e a possibilidade de agir e realizar objetivos. Se temos poder, podemos usá-lo de diferentes formas — para controlar os outros, ou para exercer influência nas instituições sociais ou no próprio governo. Podemos também utilizá-lo para a transformação de nós mesmos. Sobre isso, pode-se afirmar que conhecimento espiritual é poder espiritual. No caminho budista, acumulamos conhecimento através de três formas: estudo; contemplação; meditação.

Primeiramente, obtemos conhecimento intelectual, depois o personalizamos através da reflexão e, então, seguimos além dele para um novo estado de conhecimento — um estado livre de fixação a pontos de referência. Essa é a natureza do nosso caminho: em primeiro lugar, recebemos um mapa e aprendemos a decifrá-lo; em seguida, estamos na estrada, mas ainda assim confiamos no mapa; enfim, percebemos que não precisamos mais do mapa — já o sabemos de cor. A nossa confiança não oscila, estejamos olhando para o mapa ou para a estrada à frente — o mapa se dissolveu na paisagem. Isso é conhecimento superior ou, pelo menos, uma forma de falar sobre ele.

O conhecimento superior pode parecer algo que se obtém por meio de uma instituição de ensino superior — uma pós-graduação espiritual. Na busca desse conhecimento, talvez pensemos ser necessário abandonar todas as preocupações práticas da vida cotidiana, em detrimento de uma existência elevada a uma torre de marfim. Soa até legal, mas a verdade é o oposto disso. São exatamente os detalhes e preocupações práticas da vida cotidiana, que permitem esse tipo de conhecimento. E para atingir um estado de conhecimento superior, precisamos ver todos os detalhes de nossa vida de forma extraordinariamente clara.

Aqui, "conhecimento superior" tem dois sentidos: em primeiro lugar, é uma forma de ver; depois, é o que se vê. A forma de ver é ver com clareza ou ver melhor do que geralmente vemos, ver mais além e mais profundamente do que temos visto. O que vemos, quando vemos com essa clareza, é como as coisas realmente são: quando olhamos para nós mesmos, vemos ausência de eu, e quando olhamos para o mundo, vemos vacuidade. É como ter um problema de visão por um longo tempo e, então, fazer algum tipo de cirurgia que corrige o defeito dos olhos. Repentinamente, temos uma visão perfeita, e tudo surge nítido e claro como o cristal, sem nenhuma distorção ou falta de foco. Aqui, o procedimento pelo qual passamos para corrigir a nossa visão é o treinamento no conhecimento superior, que limpa a confusão da mente. Em essência, trata-se de um processo de fortalecimento e aguçamento da inteligência natural para que ela fique brilhantemente clara e assim dissipe a escuridão da ignorância, iluminando completamente a nossa mente.

Nesse momento, a inteligência que vê e que é vista se mescla à experiência da sabedoria, que é autoconsciente: mente de buddha, mente desperta, mente que é livre. O relâmpago de discernimento que surge logo antes desse momento é a nossa inteligência em ação — nossa mente de buddha rebelde. A princípio, confiamos em nossa inteligência, simplesmente para reconhecermos os padrões habituais enquanto eles surgem e para que não nos entreguemos a eles. Essa é a primeira missão do buddha rebelde, uma ação defensiva para nos manter despertos e engajados no jogo. Observa-se pelas laterais, entrando em campo de tempos em tempos. Mais tarde, porém, nossa inteligência fica mais proativa e corajosa, buscando oportunidades de nos acordar. Segue por si mesma e entra em combate com os nossos padrões habituais, proclamando o despertar em meio à confusão. A causa dessa evolução é o nosso treinamento no conhecimento superior. Ele dá poder ao buddha rebelde, nossa inteligência inata, para que se torne uma força totalmente funcional em serviço de nossa liberação.

A meditação associada com o desenvolvimento do conhecimento superior ou discernimento direto da natureza da realidade é a prática da meditação analítica. É uma forma conceitual de meditação, que usa lógica e raciocínio para investigar e analisar a experiência. Por exemplo, podemos testar as nossas suposições sobre quem realmente somos ao nos propor uma série de questionamentos: "O que é e onde está esse 'eu', que acredito existir neste momento? É físico ou mental? Existia antes de eu nascer? Se não existia, como pode esse eu surgir do não-eu ou do nada? Se ele existia, como posso dizer que esse eu existente nasceu?" Com esse processo de exame e análise, a meditação analítica expõe o nosso pensamento confuso, enquanto afia os poderes intelectuais da mente. Instruções detalhadas para a prática podem ser encontradas no Apêndice 1.

Na verdade, temos treinado no conhecimento superior o tempo todo. Começamos ao clarificar a nossa confusão, no momento em que fazemos a primeira pergunta. Estivemos cultivando nossa inteligência quando começamos a refletir sobre a nossa solidão, insatisfação e sofrimento. Por toda a jornada, estivemos treinando a mente de buddha rebelde, para que ela aproveitasse qualquer abertura, qualquer momento de clareza, de forma a irromper a densa neblina de confusão que nos cerca e nos ata como uma corda.

A mente aberta pelo conhecimento

A finalidade do treinamento no conhecimento superior não é nos transformar em um recipiente de fatos ou nos fazer meramente acreditar em algum sistema filosófico em particular. É ver claramente o que é verdade e o que é ilusão na nossa vida. Significa que compreendemos o relacionamento entre causa e efeito, e que vemos como funciona em nossa vida. Vemos que o sofrimento é o resultado natural de certa causa e que essa causa, no final, é o nosso apego ao eu. Vemos que a felicidade é o resultado de certas causas e que, no fim, essa causa é transcender o nosso apego ao eu.

Quando vemos essa verdade, quando realmente entendemos isso, há um grande impacto. Desperta-nos, e afia as nossas práticas de disciplina e meditação. Quando não entendemos verdadeiramente esse relacionamento, depois de praticar por algum tempo, acabamos nos cansando e começamos a nos perguntar "Por que mesmo estou fazendo isso?" E quando algo desagradável acontece conosco, perguntamos: "Por que isso aconteceu comigo?" Nem pensamos sobre a vasta rede de causas e condições a que estamos sempre ligados. Essas questões surgem somente quando não compreendemos ou esquecemos o princípio de causa e efeito. Não são apenas princípios que ficam nas páginas de um livro ou palavras que saem da boca de um professor, em um tom muito nobre. É a nossa vida. É o que ocorre conosco todos os dias e a situação é urgente, porque a vida é curta. Se não fazemos um bom uso da oportunidade que, a cada momento, está diante de nós

— despertar, ver, conhecer, libertar a nós mesmos —, podemos estar perdendo a nossa última chance.

O mais comum é não questionarmos a nossa confusão e apenas seguirmos com ela. Mas aqui estamos nos reconectando com a nossa mente cheia de interesse, investigando o que geralmente assumimos como certo. O resultado é uma mente que se abre pelo conhecimento, receptiva para ver além das amarras daquilo que ela já sabe. Estamos cultivando a nossa inteligência, em vez de expandir ou melhorar os seus conteúdos. É como aumentar a luminosidade em um recinto, colocando lâmpadas mais potentes. Repentinamente vemos tudo que está nesse recinto muito mais claramente.

Enquanto seguimos, podemos usar cada discernimento que temos como base para ampliar o nosso conhecimento, para ir mais adiante no desconhecido. Se pensamos "Consegui!" logo em nossa primeira descoberta, então, não há espaço para prosseguir. Com essa atitude, os pioneiros norte-americanos não teriam ido além do Rio Mississippi. Por isso, devemos permanecer curiosos e seguir de olhos abertos. Até mesmo as mais importantes descobertas de todos os tempos, como as teorias de Einstein, ainda estão sendo investigadas e revisadas pelos cientistas, em sua própria busca para compreender a operação de uma realidade multidimensional.

Começa o caminho para a liberação

Em resumo, esses são os três treinamentos: disciplina; meditação; conhecimento superior. Eles transformam a nossa mente, de algo que nos causa problemas e sofrimento frequentemente em algo muito mais útil: um veículo que nos leva à liberdade individual. No começo, o caminho é muito autocentrado e isso é necessário. Precisamos nos focar em nós mesmos, ver o nosso sofrimento e a nossa dor, e descobrir o nosso estilo de trabalhar com a confusão. Também precisamos desenvolver a nossa própria visão de liberdade e decidir se seguiremos o caminho até o objetivo. É um pouco como no mundo corporativo, onde a principal motivação da companhia é o seu próprio lucro. Como subproduto, outras entidades podem se beneficiar, mas o ganho delas não é a preocupação imediata da companhia. Pelo contrário, o objetivo de uma companhia bem gerida é buscar a própria saúde financeira, desenvolver o seu mercado e obter o máximo possível com o seu investimento. É assim que o caminho para a liberação começa — quando somos realistas e mantemos os pés no chão, quando prestamos atenção aos detalhes e quando sabemos muito bem para onde estamos indo.

8

Desconstruindo a história do eu

O NOSSO TREINAMENTO no conhecimento superior nos leva primeiro a uma compreensão da realidade relativa e, então, a um conhecimento mais profundo da realidade última: a verdadeira natureza da ausência de eu da mente. Precisamos ver que, no final de tudo, a raiz de nosso sofrimento, de toda nossa dor, de toda nossa confusão, é o nosso apego ao eu, a importância que damos a nós mesmos. Esse eu está sempre nos causando sofrimento. Não há outra causa raiz. É tudo o eu — aquele lampejo de um eu que é o ponto de referência central em nosso universo pessoal. Não interessa o que estamos fazendo, as nossas ações sempre vêm disso e refletem essa sensação de um eu operando. É o ponto de início da dualidade, a divisão do que, naturalmente, é sem separação.

É importante também reconhecer que a experiência de um eu em seu nível mais básico é uma experiência de incerteza e medo. Por quê? O nosso sentido de um eu não é algo que nasce apenas uma vez, quando nascemos de nossos pais, e que continua por toda a vida. Ele nasce vez após vez. Está ali, dura um momento e, então, cessa. Em um momento de não reconhecimento de nossa consciência, vivenciamos certa escuridão mental, um desconhecimento que pode ser assustador. Por um instante, não temos uma noção clara de quem somos, não temos um ponto de referência, não temos um sentido de direção. Então, rapidamente, desse estado de ignorância, a noção de um eu nasce novamente — e dela, a noção de um outro.

EU E OUTRO

O que é esse relacionamento do eu com esse outro? Essa é a questão que o ego nunca consegue responder direito — quanto a isso, está sempre incerto e flutuante. Nascendo e cessando a cada momento, a sua natureza é agarrar-se à existência. Cada vez que ressurge, cria com ele um mundo inteiro que se torna seu reino de poder e influência. Em um canto desse território, há uma parede, um limite aparentemente intocável pela dúvida. O ego senta orgulhoso no centro, sempre observando e, ao mesmo tempo, perdido, cercado por tudo que considera seu: meu corpo, meus pensamentos, minhas emoções, meus valores, minha casa, minha família, meus amigos e minha riqueza. O outro está lá fora. Enfim, o mundo do ego parece completo e em equilíbrio perfeito. Mas em um piscar de olhos, a coisa toda se desmancha — e no momento seguinte, já está de volta.

Quando ouvimos algo assim, o que pensamos? É uma história esquisita, meio como um conto de fadas. A questão é saber se é a realidade. E cada um de nós precisa descobrir por si próprio. Quando alguém nos conta algo que não compreendemos ou algo que é muito diferente daquilo que normalmente compreendemos, não devemos aceitar de imediato. É isso que Buddha disse e é o que as nossas mães também diriam, muito provavelmente. Não queremos ser ludibriados ou enganados, nem mesmo perder tempo. Quaisquer palavras pronunciadas com uma voz de autoridade soam verdadeiras, mas a pessoa pode nem saber o que está dizendo. De fato, isso acontece muito. Basta ligar a televisão no noticiário. Mas, da mesma forma que podemos ser manipulados pelas histórias que outros contam, podemos ser enganados pelas histórias que contamos a nós mesmos. O grande conto que passamos em nós mesmos, o nosso favorito, é a historia sobre quem somos. Porém, como nos contos de fadas, nossas histórias não são totalmente desprovidas de sentido. Elas têm aventura, personagens esquisitos, simbolismos e verdades. Mas precisamos olhar bem para captar essas coisas. De outra forma, elas se tornam mero entretenimento.

A meditação analítica é uma forma de olhar para a história do eu, enquanto ele é desmontado. É chamada de meditação do discernimento, porque estamos verificando o que estamos examinando enquanto examinamos. Esse tipo de meditação usa a lógica e o raciocínio para investigar o que pensamos e desmascarar as pressuposições básicas que mantemos sobre nós mesmos e o mundo, pressuposições que podem nunca ter sido completamente examinadas até agora. A razão para nossa investigação é tão importante quanto o processo. Se esquecemos porque estamos fazendo essa prática, ela pode se tornar um mero exercício mental. Na meditação analítica olhamos para a verdade sobre a causa de nosso sofrimento, para que possamos desconstruí-lo.

Meditação sobre a vacuidade

A tradição da meditação analítica inclui vários raciocínios lógicos que podem nos conduzir a uma profunda análise do eu e dos conceitos que sustentam a nossa crença nele. O resultado é a liberdade com relação a esses conceitos, que estão embasados em pensamentos confusos. O que ocorre é que nossa crença na existência verdadeira de um eu simplesmente não tem embasamento racional.

Quando alcançamos o ponto de olhar profunda e extensamente tanto o corpo quanto a mente, e ainda assim não somos capazes de encontrar a existência do eu, vivenciamos uma abertura. No momento em que não encontramos o eu permanente e independente que sempre assumimos estar ali, todo o pensamento cessa. Nesse ponto, podemos descansar a mente em um momento de pura abertura, momento que chamamos de "consciência não conceitual". Continuamos dessa forma, alternando entre métodos de análise e o repouso.

Em um determinado ponto, atingimos a capacidade de repousar a nossa mente diretamente nessa abertura pura, sem nenhuma análise preliminar. É nesse ponto que podemos dizer que estamos "meditando na ausência de eu". Por que isso? Porque estamos repousando a mente em um estado de consciência em que não há nenhum eu aparente. Onde o eu está, quando não há pensamento? Embora essa consciência não conceitual esteja sempre presente, é difícil reconhecê-la. Estamos sempre a perdendo. O discernimento produzido pela meditação de ver com clareza, porém, é conhecido como "discernimento superior". Ele nos capacita a ver além do que normalmente somos capazes. Antes, não víamos nada além de apego ao eu, mas agora vemos ausência de eu.

O que Buddha nos mostra em seus ensinamentos sobre a ausência do eu é que nos equivocamos ao pensar que coisas existem de forma sólida, dentro do fluxo de experiência que é nossa vida. Pensamos no que somos como algo que é permanente, que continua ao longo do tempo da mesma forma imutável, independente de condições externas. Também pensamos que o mundo ao nosso redor existe da mesma forma sólida. Ainda assim, quer olhemos para nós mesmos, para objetos grandes ou pequenos, ou para as condições de nossa vida, não encontramos nada que satisfaça esses critérios. Vemos apenas mudança e transformação. Quando aplicamos o nosso discernimento no mundo ao nosso redor, vemos o mundo cotidiano através de uma luz nova e mais brilhante. Vemos que o mundo também está mudando constantemente e que não possui um núcleo sólido. Além disso, ele também é aberto, espaçoso e livre de um eu. Esse é um lampejo genuíno da vacuidade — o estado último e verdadeiro da mente e do mundo.

Tratando a vacuidade como algo comum

Quando falamos sobre ausência de eu ou vacuidade, tendemos a transformar essas coisas em filosofia — transformamos todas em algo tão importante e profundo que as tornamos demasiadamente distantes. Transformamos algo que está em nossas mãos em uma noção muito fantástica. Lembramo-nos de histórias antigas sobre iogues voando no céu ou caminhando através das paredes e, então, pensamos em nossa confusão no momento atual. Essas duas imagens soam muito distantes. O nosso problema é associarmos a realização da vacuidade com indivíduos especiais, que possuem capacidades extraordinárias. Porém, se mudamos um pouco a nossa perspectiva, podemos transformar as nossas ideias em uma jornada pessoal.

Devemos ver a vacuidade como algo comum, devemos tratá-la como qualquer outra coisa. A forma com que lidamos com a vacuidade não deve ser diferente da forma com a qual tratamos qualquer outro conceito que analisamos e sobre o qual refletimos. Conhecemos a vacuidade do mesmo jeito que conhecemos o sofrimento e a impermanência — cultivando familiaridade, observando por todos os ângulos, deixando que ela se comunique conosco. Quando a vacuidade fala conosco, não só a ouvimos, mas a sentimos também. Ela se torna a nossa experiência pessoal. Mesmo que possamos estar olhando para livros, e usando métodos especiais de lógica e de raciocínio, ainda estamos em contato com ela. No entanto, se não analisarmos a vacuidade, se apenas a tomarmos como um fato sobre o qual "especialistas" discursam, ela não será pessoal, e ficará difícil compreendê-la e levá-la ao âmbito da experiência.

Ao analisarmos qualquer coisa, devemos mastigar essa coisa do mesmo jeito que mascamos o chiclete. Precisamos mascar até sentir o sabor completamente. Da mesma forma, quando passamos um tempinho examinando o momento da experiência, começamos a ter uma vivência mais rica da vacuidade. Quando estamos analisando a vacuidade, por exemplo, em vez de simplesmente pensar a respeito dela, podemos nos perguntar: "Onde está o eu agora, neste momento? Está na sensação que tenho nas minhas costas, enquanto estou sentado aqui? Está no pensamento que surge na minha mente, neste momento?" Fazemos isso passo a passo, examinando cada experiência do pensamento, da sensação ou da emoção, até reconhecer a sua qualidade de ausência do eu. Dessa forma, começamos a sentir o gosto da vacuidade. É esse gosto que importa, porque ele nos inspira. Ele vai contra nossa resistência à vacuidade e corrige os nossos enganos a respeito dela.

Vacuidade como liberdade e completude

Como já descrevi, a visão budista da vacuidade é diferente de nosso entendimento usual da palavra. Volto sempre a esse assunto, porque leva algum tempo e alguma experiência com a prática para desenvolver uma associação positiva com o conceito. Enquanto temos apenas um ponto de referência intelectual para ele, a vacuidade soa como um nada, uma condição de falta absoluta que está muito longe da verdade. Ainda assim, se é dessa maneira que pensamos, provavelmente levaremos essas ideias conosco para nossa prática e nos encheremos de medo. Isso não nos ajudará a abandonar o nosso apego de forma a vivenciarmos genuinamente o seu verdadeiro sentido. Não há uma palavra em português que possa por si só passar todo o sentido da experiência da vacuidade. Mas podemos, ao menos, começar com um conceito positivo, em vez de começar com um conceito que soe negativo.

Com os termos "vacuidade" e "ausência de eu" pretende-se passar um sentido de totalidade e completude que, na verdade, é vivenciado como uma sensação de abertura e vastidão. Assim, essa vacuidade não é como a vacuidade de uma xícara sem conteúdo, de uma sala sem ocupantes ou de um bolso vazio. Não é assim. Quando temos uma experiência genuína da vacuidade, temos uma sensação boa. Em vez de nos sentirmos deprimidos ou ansiosos, repentinamente, nós nos sentimos completamente desembaraçados. É como se estivéssemos amarrados por uma corda muito apertada e, então, alguém aparecesse e a cortasse. De repente, encontramo-nos livres de nossas amarras e nos sentimos muito bem, muito mais relaxados e felizes. Da mesma forma, estivemos amarrados com a corda do apego ao eu por tanto tempo que, quando a cortamos, vivenciamos uma sensação de pura alegria pelo contato com a liberdade. Não é um espaço ausente onde todos estão desolados e gemendo por algum motivo — isso seria a nossa vida convencional.

Seguiremos sem a realidade da vacuidade, enquanto permanecermos fixados no que pensamos que ela significa. É por isso que é importante manter uma mente aberta e explorar a experiência sem nenhum preconceito ou julgamento. Não precisamos ter uma realização completa da vacuidade para vivermos uma transformação. É dito que até mesmo suspeitar que a vacuidade é a natureza das coisas acaba cortando completamente a raiz de nossa confusão. Mesmo uma pequena dúvida sobre a validade da realidade convencional — por exemplo, pensar que "talvez a perspectiva que sempre tive das coisas não seja tudo, talvez as coisas não sejam tão sólidas quanto parecem" —, mesmo isso ajuda. Mesmo esse nível de dúvida pode soltar a nossa fixação e sacudir a nossa visão de mundo.

É como um país governado por um ditador. No início, as pessoas podem acreditar nessa pessoa e dar apoio a seus ideais, mas em algum momento elas começam a se perguntar o que ele está fazendo. Começam a desconfiar de suas motivações e, assim, a dúvida penetra em suas mentes — nesse exato momento, a força dele se enfraquece. Ele não tem mais o poder absoluto para governar. Da mesma forma, quando começamos a duvidar da verdadeira existência desse ego, os nossos padrões habituais e a nossa confusão já não têm a mesma influência sobre nós. A nossa ignorância e o nosso apego ao eu não podem mais nos escravizar como antes. O equilíbrio de poder mudou para sempre.

PEDINDO INFORMAÇÕES

Uma vez que tenhamos nos comprometido a seguir esse caminho, devemos ocasionalmente parar e refletir sobre a jornada. Ainda estamos na rota que traçamos para nós ou nos perdemos do caminho? Isso está funcionado para nós? Encontramos algum obstáculo? É verdade que precisamos permanecer focados em onde estamos e no que estamos fazendo agora, mas também precisamos ter em mente uma perspectiva mais ampla: de onde viemos e para onde vamos. Desse jeito, acabamos com uma ideia melhor de onde estamos.

Depois de algum tempo, o que podemos esperar? Devemos vivenciar menos sofrimento, especialmente em suas formas mais intensas. As nossas emoções devem, até certo ponto, esfriar e não devemos estar mais totalmente sob o controle de nossos padrões habituais. Então, quando paramos para revisar a nossa jornada, esses são os sinais que devemos buscar. Se eles estão ali, então, o nosso caminho está na direção certa. Em geral, devemos nos sentir mais curiosos, conscientes, despertos e presentes. Além disso, uma vez que tivermos um lampejo do estado de ausência de eu, haverá uma sensação de que não há volta. Nunca conseguiremos voltar ao modo anterior de ver as coisas. Nosso discernimento sobre como a mente opera abre uma nova perspectiva e gera mais confiança em nossa capacidade de trabalhar com a própria mente. É como o ar fresco entrando pela janela de um quartinho, convidando-nos a sair e a explorar o mundo. Ainda assim, o caminho nem sempre é fácil ou sem trepidações.

ARMADILHAS E PERIGOS

Há pontos em qualquer jornada onde a topologia pode nos fazer seguir na direção errada. Embora o nosso mapa seja preciso e a nossa motivação forte, e muitos outros tenham seguido esse mesmo caminho antes de nós, ainda assim, podemos nos encontrar andando em círculos ou indo na direção oposta. Se sabemos onde estão as armadilhas e perigos, e as bifurcações confusas na estrada, geralmente, conseguimos evitar empacar ou tomar um caminho equivocado.

No início, o nosso objetivo unifocado de liberdade pessoal é necessário. Porém, se extremado, ele também pode levar a um tipo de estreiteza de visão ou uma sensação de claustrofobia. Quando começamos, é possível que estejamos apenas semiconscientes de nossa confusão, até certo ponto adormecidos perante as nossas experiências de sofrimento. Mas, quando seguimos adiante, ficamos bastante sensíveis com relação a quão doloroso é o nosso sofrimento. Enquanto precisamos realmente vivenciar a nossa dor em sua totalidade, de forma a sentir a motivação de nos libertar, a nossa consciência cada vez maior da grandeza e persistência de nosso sofrimento pode se tornar insuportável. Quanto mais sentimos a nossa dor, mais desejamos renunciar a ela e obter alívio, e ainda assim ela nos parece inescapável.

Nesse momento temos duas escolhas: podemos relaxar em nossa experiência ou surtar em meio a ela. Se surtarmos, podemos começar a nos fechar em uma existência cada vez mais limitada. Nosso intenso desejo de evitar ser tocado por qualquer coisa dolorosa pode se tornar tão grande que acabamos fugindo de tudo — descobrindo, então, que nos encarceramos em um espaço muito pequeno. É como rastejar em um túnel estreito e ficar preso nesse túnel. Quanto mais ansiosos ficamos, mais sentimos pânico e mais difícil é lembrar como fomos parar ali. Acabamos tendo que ligar para os bombeiros, para que eles nos resgatem. Então, quando o nosso sentido de renúncia se torna extremo demais, ele produz mais medo e se torna um obstáculo à nossa liberdade.

Podemos também perder o caminho, ao entender errado a ausência de eu ou a vacuidade. Quando confundimos a realidade relativa com a realidade última ou interpretamos a realidade última como algo que destrói o mundo convencional, caímos na armadilha dos niilistas, que não veem propósito ou sentido na vida. Neste caso, a nossa visão da vacuidade é inspirada por tristeza e depressão, e se torna apenas outra ferramenta para desligar tudo. Em vez de olhar para o mundo com alegria, olhamos como algo sem solução.

Se acabarmos presos em qualquer um desses lugares, precisamos reconhecer isso, em vez de apenas ficarmos lutando contra esse fato por um longo tempo. Quando reconhecemos, aplicamos nosso treinamento, fazemos perguntas, investigamos — prestamos atenção em todos os âmbitos. Nunca sabemos de onde virá nossa liberação ou quando ela virá. Se não conseguimos nos livrar sozinhos, precisamos pedir ajuda a alguém que conheça muito bem a estrada. Tomar essa decisão de pedir ajuda não é sair da posição de motorista, entregar a direção para outra pessoa. É só fazer uso da inteligência.

Esses são apenas dois exemplos de como podemos nos perder. Pode ser algo diferente, porque todos somos diferentes. Mas nunca devemos hesitar em pedir ajuda ou informações, quando estamos metidos em uma confusão ou quando estamos perdidos. O remédio mais efetivo para a mais vasta gama de obstáculos é a experiência genuína da vacuidade. Mas, às vezes, o que precisamos é dar um tempo e encontrar alguma forma de relaxar a mente: visitar os amigos, ouvir música, assistir à televisão ou ir ao nosso restaurante favorito. E, às vezes, a melhor coisa que podemos fazer por nós mesmos é ajudar outra pessoa.

Ficar preso nem sempre é algo ruim. É uma experiência que pode oferecer ensinamentos valorosos. É possível que vejamos algo que de outra forma não veríamos. Essas experiências não devem ser temidas. Cada vez que libertamos a nós mesmos, a nossa confiança cresce. Assim, sabemos que conseguimos lidar com essa situação. Assim, sabemos por experiência própria que do outro lado de cada bloqueio há uma estrada aberta.

Além do Eu

Uma vez que temos uma experiência da ausência do eu, nossa confiança aumenta. Enquanto a nossa percepção sólida de um eu começa a se dissolver, os limites que separam eu e outro naturalmente também começam a se dissolver. Descobrimos que não estamos mais separados por um muro, desligados do mundo. Quando conectamos essa nova abertura a nossa dedicação original à liberação pessoal, descobrimos que podemos participar completamente na vida do mundo, até mesmo enquanto seguimos nos desfazendo de nossa perspectiva autocentrada de apego ao eu.

Entendemos agora que a viagem transforma o viajante. O nosso caminho, a essa altura, passa a ser menos sobre chegar a um destino que chamamos de "liberação", transformando-se em um estilo de vida. Não nos focamos unicamente em como nos livrar de nosso sofrimento pessoal. Isso pode nos surpreender, mas ao estudar a nossa mente descobrimos o nosso coração, ao libertar a nossa mente, abrimos o nosso coração, e a nossa visão da liberdade naturalmente se expande para incluir os outros. Em vez de buscar nos proteger da confusão e do caos, começamos a apreciar a confusão como algo cheio de oportunidades para treinarmos a mente mais um pouquinho. As possibilidades, de fato, são infinitas. Por essa razão, deleitamo-nos em permanecer no mundo e trabalhar com os outros, e isso nunca se torna cansativo. Nossa experiência inicial de ausência de eu abre uma porta para uma nova apreciação pela gama completa da experiência humana.

Esse deleite, que surge concomitantemente com a nossa apreciação recém-descoberta, é basicamente um aspecto do desejo — a mesma coisa que temos trabalhado tanto para superar. Até agora, o problema do desejo é que ele sempre esteve ligado ao apego e ao interesse para si próprio. Quando esse apego se solta, o desejo se transforma em uma energia que nos conecta aos outros. As suas qualidades de calor humano, interesse e entusiasmo ainda estão presentes, mas não são mais tão cegas ou impulsivas. Já que não estamos interessados apenas em nossa própria gratificação, há um potencial para a generosidade, bondade e compaixão. Essa expressão livre de eu do desejo é mais gentil e mais aberta que a sua versão neurótica. Assim, o desejo deixa de ser um grande problema para nós.

DOMANDO E TREINANDO A AGRESSÃO

Depois de trabalhar o desejo, temos que, em seguida, trabalhar a agressão, que é um dos estados mentais mais destrutivos e, agora, o nosso maior problema. Quando pensamos na agressão, costumamos imaginar alguém claramente violento, uma demonstração explícita de raiva — por exemplo, alguém xingando ou alguém chutando uma lata de lixo. É claro que esse é um nível superficial da agressão, fácil de se identificar e controlar. Os níveis mais profundos de agressão são mais problemáticos; são mais difíceis de reconhecer e de trabalhar. Ainda assim, uma mente de raiva, seja ela oculta ou expansiva, sempre é um obstáculo para a comunicação e nos torna insensíveis aos sentimentos dos outros. Portanto, quando falamos aqui em agressão, estamos nos referindo ao estado mental subjacente, que persiste em nossa mente, e não apenas aos atos verbais e físicos expressamente raivosos.

Em nossa cultura, há muita agressão passiva. Podemos levar conosco uma atitude de hostilidade e irritação, sem nem sequer aumentar o tom de voz e sem gesticular de forma irritada. Às vezes, ela surge da nossa necessidade de provar algo a alguém. Se alguém nos diz algo que fere o nosso orgulho ou que nos intimida, às vezes sentimos que temos que revidar. Se nos descobrimos escrevendo e-mails longos para essa pessoa, tentando nos justificar a todo custo — isso é agressão. Não há nada de errado em querer deixar as coisas claras, mas quando surge uma obsessão em torno de nos explicarmos, adentramos o reino da agressão. Isso pode nos levar ao caminho da raiva expressa, mesmo que de início estivéssemos apenas irritados.

É somente por meio do reconhecimento de nossa agressão e trabalhando de forma consciente com ela que começamos a abrir os nossos corações. Agora, esse é o principal objetivo do nosso caminho. Não estamos mais a sós, contemplando o nosso sofrimento pessoal e trabalhando por nossa liberdade individual, de maneira particular. Uma vez que vislumbramos o que está além do nosso apego ao eu, nossos olhos ficam mais abertos. Não só vemos o que está à nossa frente, e o que acalma a nossa mente e faz com que os nossos ocupados pensamentos descansem, mas fitamos o horizonte. Agora vemos a completude, a energia e o espetáculo lúdico de um mundo vasto. Percebemos que, sem abandonar o nosso objetivo de liberação pessoal, podemos ir até os outros e incluí-los em nossa aspiração pela liberdade e em nosso compromisso de atingi-la. Da mesma forma que antes trabalhamos com o desejo, agora trabalhamos com a raiva, ainda indomada e, até certo ponto, não treinada. Colocamos a nossa presença mental e a nossa consciência em nossos pensamentos e sentimentos irritados, e nas formas que escolhemos para expressá-los. Também contemplamos a nossa raiva, analisamos essa raiva e tentamos reconhecer a sua qualidade de ausência de eu.

Há uma conexão direta entre a ausência de eu e a compaixão. Essas duas experiências são a chave para o resto de nossa jornada e cada uma delas se torna mais poderosa quando a outra se fortalece. Embora possamos trabalhar com elas separadamente, não é possível efetivamente separá-las uma da outra ou separá-las dos efeitos que produzem sobre nós. Descobrimos que, quanto mais abrimos nossos corações, mais apreciamos nossa mente, mesmo com toda a sua confusão. E, quanto mais apreciamos a nossa mente, mais apreciamos os outros e as riquezas do mundo, mesmo com toda a sua confusão. É assim que descobrimos a alegria em nossa vida cotidiana.

NÃO É FÁCIL

Quando falamos em treinamento, estamos falando sobre treinar o buddha rebelde, que estará conosco até restar só o buddha. Até acordarmos, estamos no processo de despertar. Só então, após o despertar, não há mais nenhum processo, mais nenhuma jornada. Finalmente, estamos onde queremos estar. Até agora, o nosso foco tem sido acumular conhecimento, desenvolver discernimento e aplicar isso à nossa vida. É assim que temos treinado a mente, fortalecendo o seu poder de nos liberar. Porém, o buddha rebelde não é só a mente e a clareza de pensamento. O buddha rebelde também tem um enorme coração, com desejos e paixões próprias: um desejo por liberdade pessoal, e uma paixão pela liberdade e felicidade dos outros. E esse coração também precisa ser treinado. Quando essas paixões e discernimentos se reúnem, vemos o mundo com um olhar unificado. Por todos os lados, há oportunidades de realizar os objetivos da mente e do coração, e de fato essas oportunidades não são diferentes. Não há nenhum motivo para ver o caminho espiritual e a vida comum como coisas separadas ou diferentes. Elas se tornam um só caminho, uma só forma de vida.

Até agora, o treinamento pelo qual passamos é, principalmente, a redução do egoísmo — este que é o oposto da ausência de eu. Por isso, trabalhamos com métodos para abandonarmos o nosso apego e pensarmos apenas em nós mesmos e, em nosso benefício próprio. É como se até agora tivéssemos permanecido crianças, mas já com vários irmãos e parentes de todos os tipos com quem precisamos aprender a partilhar os nossos brinquedos. A razão pela qual não temos sido capazes de partilhar — nos focarmos na felicidade e liberdade dos outros — é porque estivemos fixados em nós mesmos. Estivemos focados no "eu" por tanto tempo que não é fácil abandonar essa orientação. Não é fácil. Porém, o treinamento que tivemos até agora afiou a nossa visão e, desse modo, podemos reconhecer a possibilidade de abandonar a obsessão pelo eu.

Nosso treinamento atual é ainda mais afiado. Começamos a ver ausência de eu por todos os lados — não apenas em nossa mente, mas também na mente dos outros e no próprio mundo. Todos os pensamentos, todas as emoções, todos os conceitos têm a mesma qualidade de abertura. Nenhum deles é sólido. Em vez de um mundo fixado pelo pensamento, atado pelas nossas noções disso e daquilo, vemos um mundo lúdico, que muda a cada momento. Essa forma de ver, chamada de "dupla ausência de eu", causa uma visão panorâmica da realidade última. A percepção da ausência de eu, que se aplica apenas a esse eu em questão, é como olhar para o oceano de uma janela, em uma bela casa de praia. Vemos o oceano, mas é só uma parte. Ele pode estar longe ou isso ser apenas o ângulo de onde se vê. Corretores de imóveis chamam isso de "vista parcial do mar". Em contraste, a experiência da vacuidade dupla é como um penhasco em Big Sur, sem nada ao redor que obstrua ou limite a nossa visão. Vemos um panorama completo de mar, céu e paisagem que se estende a nossa frente. É essa a diferença entre a visão da ausência de eu individual e a dupla ausência de eu: uma delas é parcial e a outra é completa.

CORAÇÃO SEM EU

Nesse ponto, as duas qualidades que marcam a nossa jornada são o enorme discernimento da ausência de eu e uma imensa compaixão. Embora as duas coisas sejam igualmente importantes, precisamos ter um profundo reconhecimento da ausência de eu, de forma que a nossa compaixão seja genuína. Sem esse reconhecimento, o nosso desejo de ajudar os outros estará sempre misturado com autointeresse. Mesmo quando fazemos boas ações, muitas vezes temos algumas segundas intenções — por exemplo, quando damos presentes e esperamos uma demonstração de gratidão ou quando ajudamos com a expectativa de que as nossas visões e conselhos sejam aceitos. Quando somos capazes de focar a nossa prática de compaixão com algum conhecimento genuíno de ausência de eu, a nossa atitude não é particularmente orientada para um resultado, nem possui qualquer segunda intenção. Não saímos por aí tentando salvar as pessoas, como se fôssemos ganhar uma medalha de honra por nossos esforços. Esse enfoque é muito teísta, mas algumas vezes o vemos no budismo, especialmente, onde o budismo foi influenciado por tradições teístas. Mas, na verdade, devemos simplesmente estar integrados no mundo, aprendendo a viver uma vida inspirada pela sabedoria e pela compaixão, tentando ajudar os outros tanto quanto pudermos.

Devemos encarar a vida de Marpa, um dos maiores professores do Tibete, como um exemplo. Ele era um excelente fazendeiro e um homem de negócios, um "iogue chefe de família", como se diz. Embora ele detivesse uma vastidão de ensinamentos do Buddha, com domínio completo sobre todos eles, nunca saía por aí buscando converter ninguém. Os alunos que o procuravam precisavam pedir diversas vezes para serem aceitos. Era difícil obter ajuda de Marpa. Ainda assim, ele é uma das figuras mais importantes e reverenciadas no budismo tibetano, porque ele tinha a grande sabedoria de saber exatamente quais ensinamentos ajudariam melhor cada aluno. Ele não concedia nada além do que era apropriado. Assim, os seus ensinamentos eram sempre efetivos e nada era desperdiçado.

Se pensamos que a visão budista de praticar a compaixão é seguir por todos os cantos, salvando os não iluminados, isso não é diferente das seitas religiosas que seguem, de porta em porta, trazendo a boa-nova para dentro de nossas casas. Eles estão tentando nos salvar dos nossos pecados, um gesto muito bondoso. Mas não é assim que devemos tentar levar benefícios às pessoas. Nós não estamos tentando salvar ninguém com a nossa prática budista. A nossa prática ou jornada espiritual é simplesmente viver a vida com inteligência e compaixão, e levar benefícios às pessoas por meio da expressão natural dessas qualidades.

JANELAS DE OPORTUNIDADE

Antes que possamos estender nossa compaixão aos outros, temos primeiro que estendê-la a nós mesmos. Como fazemos isso? Temos que olhar para a nossa mente e reconhecer como as nossas próprias expressões neuróticas — os nossos pensamentos confusos e emoções perturbadoras — estão, na verdade, ajudando-

-nos a acordar. Nossa agressão pode nos ajudar a desenvolver clareza e paciência. Nossa paixão pode nos ajudar a abandonar apegos e ser mais generosos. Basicamente, uma vez que reconhecemos que essa mesma mente é a mente da compaixão e do despertar, podemos valorizá-la e assim confiar em nossa capacidade de trabalhar com ela. Ela é, no fim das contas, uma boa mente, uma mente que nos levará à iluminação. Quando compreendemos isso, começamos a abandonar a nossa atitude anterior, de repulsa quanto às nossas emoções.

De início, consideramos as nossas emoções como algo negativo, algo a superar; precisamos nos acalmar, diminuir a temperatura. Agora, reconhecemos como a própria energia das emoções ativa a nossa inteligência e nos encoraja a acordar, de forma que podemos apreciar de que maneira elas nos ajudam a ver mais claramente. Começamos a entender o que elas têm nos dito esse tempo todo. Estivemos sentados, ouvindo a mente, deixando-a falar, conhecendo essa desconhecida e agora a conversa está em outro nível. Não somente ouvimos as palavras da nossa amiga, mas também sentimos o calor ou a frieza de sua temperatura emocional. Através da conexão e confiança que cultivamos, alcançamos uma troca mais íntima e profunda.

A raiva não é só estar bravo com relação a algo. A paixão não é só o desejo de ter algo. Não são apenas padrões habituais ou estados aflitivos da mente. Há nelas uma grande ânsia por clareza, uma ânsia por conexão genuína, um desejo por liberdade. Em vez de serem "inimigas", as emoções são, na verdade, a face do buddha rebelde. Ainda não encaramos a sua face, não sabemos como ele é quando caminha pelo mundo. Até agora, o buddha rebelde foi o fio da espada de nossa inteligência. Finalmente, vemos que ele é também a gentileza do nosso coração. É tão suave que nunca se quebra completamente, o que significa que também é forte. De certo modo, as nossas emoções e pensamentos confusos estão, o tempo todo, armando a sua própria revolução da mente. Estão resistindo ao nosso tratamento injusto e repressivo. Estão dizendo: "Não congele a minha energia. Não me cubra de rótulos. Não tente me melhorar. Seja um pouco mais corajoso. Reconheça-me e me aceite como sou. Você pode se surpreender."

Uma vez que começamos a reconhecer o potencial positivo inerente à confusão da mente, podemos reconhecer o valor dela, em vez de apenas vê-la como um problema. Se conseguimos olhar para a nossa mente mais positivamente, apreciando-a, não há como não apreciar o mundo. Mas, se não conseguimos reconhecer valor em nossa neurose, então, não podemos ver o mundo com bons olhos, já que ele está cheio de gente neurótica. Gostemos dele ou não, este é nosso mundo.

Assim, o próximo passo é reconhecer valor no fato de que as neuroses dos outros não têm jeito. Suas confusões, suas emoções e seus sofrimentos podem também nos acordar. Eles, ao mesmo tempo, impactam a nossa mente e tocam o nosso coração. Se conseguirmos genuinamente nos relacionar com as nossas neuroses e com as dos outros de forma simultânea, cada encontro e cada troca se tornarão mutuamente liberadores. Essa atitude é a chave para trabalhar com as outras pessoas. É o que torna isso possível e também o que nos faz desejar isso. Se olhamos para os outros através de um estado mental incomodado, cheio de julgamentos ou suspeitas antes mesmo de abrirem a boca, estamos fechando uma janela cheia de oportunidades. Não há muito o que possamos fazer, nesse caso. Se não queremos nos misturar à confusão e à neurose das pessoas, acabamos precisando fugir do mundo. Mas é necessário verificar se é mesmo possível fugir da nossa mente ou dos nossos relacionamentos com os outros.

Podemos ir para um retiro solitário, é claro, e deixar para trás o caos e a confusão de Nova York ou de Seattle. Mas, enquanto estamos planejando o nosso retiro, as nossas ações acabam sendo contraditórias. Pouco a pouco, começamos a trazer mais e mais peças do mundo conosco. Asseguramo-nos de que a cabana de retiro tenha acesso à internet para o nosso computador. Precisamos nos lembrar da máquina de café expresso. O próximo passo é levar um Starbucks inteiro para o retiro, ainda que supostamente estejamos tentando nos desligar de tudo. Não interessa o quanto tentemos fugir do mundo, sempre traremos o mundo conosco. Mesmo que realmente abandonássemos todos esses dispositivos materiais, ainda assim traríamos o mundo conosco, na forma de nossas memórias e projeções, conceitos e emoções, esperanças e medos. Nossa pequena cabine de retiro na floresta mal consegue acomodar tantos personagens. E todos os cenários que trazem consigo necessariamente perturbariam a paz e nos deixariam acordados a noite toda, exatamente como as sirenes da cidade grande.

Essa mente que temos agora é a nossa única esperança de despertar, não interessa o quão ruim ela pareça ou o quão mal, vez ou outra, nós possamos nos sentir. Ela é o nosso único bem, a nossa reserva de capital. É a única coisa que temos para possibilitar nossa liberdade. Seja lá o que estivermos depositando na conta bancária de nossa mente, isso tem acumulado juros ao longo de nossas vidas e agora já estamos bem ricos, seja lá do que for. Podemos ter um portfólio de raiva e ciúme ou esse portfólio pode ser mais diversificado, misturando também empatia e amor. É assim com todos nós. Passaremos pela experiência do despertar com a nossa mente, rica como ela é, de suas emoções neuróticas de todos os tipos. E só podemos trabalhar com os outros nos conectando com as mentes que eles têm, igualmente ricas em confusão.

Espere gente neurótica

Se formos sinceros em nosso desejo de trabalhar com os outros, devemos saber que gente neurótica aparecerá, e devemos permanecer dispostos a trabalhar com a sua confusão. Não devemos esperar, a princípio, conectarmo-nos com as pessoas com base em sua sanidade ou com base em sua mente de despertar. Se estivermos atrás de pessoas razoáveis e agradáveis com quem trabalhar, pessoas com um senso de equanimidade, sabedoria e compaixão, não encontraremos muitas oportunidades. As pessoas que possuem essas qualidades muitas vezes não querem a nossa ajuda e também podem não se entusiasmar com a ideia de serem salvas por alguém como nós. Quando temos a oportunidade de ajudar alguém, geralmente, isso ocorre porque nos conectamos de alguma maneira à sua confusão.

Podemos nos deparar com pessoas na rua que são costumeiramente agressivas, que estão sempre bêbadas ou totalmente confusas de um jeito ou de outro. Ou podemos encontrar pessoas assim em lugares que nos são mais familiares — em casa, no trabalho ou nas posições de poder. Esses encontros sempre levantam questões sobre como nos conectar com alguém de forma que possibilite uma comunicação verdadeira. Temos que nos focar em cada pessoa, individualmente. Como as pessoas são diferentes, não há um jeito único de lidar com todas elas. Temos que tentar reconhecer os hábitos de pensamento e as emoções particulares que dominam as suas vidas, e apreciar a sua própria "assinatura" neurótica. Não é possível sair por aí dando conselhos. Precisamos ser criteriosos e examinar a situação, como Marpa fez, para descobrir o que pode ajudar. De nada serve oferecer algo que ajudou a você mesmo ou à sua tia Maria, mas que não ajudará mais ninguém.

Quando percebemos, por exemplo, que uma mulher em nosso escritório tem problemas com a sua raiva e que todos a consideram uma pessoa difícil, o que fazemos? Primeiramente, percebemos que ela está presa a um padrão de confusão e que a sua confusão causa mais dor a ela mesma do que a nós, já que esse elemento está presente em todas as esferas de sua vida. É importante lembrar que nós lidamos com ela apenas no escritório. Em seguida, lembre-se de que a raiva é um hábito e de que mesmo hábitos fortíssimos podem ser trabalhados. Então, com a mente aberta, procure oportunidades para fazer uma conexão pessoal. É como tentar descobrir um ponto de suavidade em uma parede de agressão e ansiedade, um ponto pelo qual podemos entrar no mundo dessa colega. Uma vez que estejamos em seu mundo, podemos, então, começar uma conversa verdadeira. Há mais confiança, porque sentimos que estamos do mesmo lado. Isso não significa que compartilhamos exatamente a mesma perspectiva, mas que podemos honestamente compartilhar as nossas perspectivas sem vergonha e sem rótulos. O que quer que ocorra a partir daí, já é um começo.

Isso não significa que, em nosso caminho, devemos assumir o papel de terapeutas ou tentar guiar alguém em um processo terapêutico. Porém, podemos oferecer apoio, compreensão e bondade genuína, sem julgamentos ou expectativas. Dessa forma, permitimos o encontro de uma mente perturbada pela agressão com uma mente de clareza e compaixão. Um encontro desse tipo pode iniciar uma mudança de perspectiva, seja em um futuro próximo ou distante.

Fazendo e evitando Conexões significativas

Quando tentamos nos comunicar com alguma pessoa, os rótulos que usamos para identificá-la podem ajudar ou machucar. Alguns rótulos são neutros, por exemplo, "árvore", "livro" ou "caneta". Outros, que consideramos neutros, podem, para outra pessoa, estar carregados de sentido e acabar passando a noção de que há um julgamento. Além disso, um mesmo rótulo, vindo da boca de diferentes pessoas, tem sentidos diversos. Por exemplo, se digo "sou uma pessoa espiritual e você uma pessoa mundana", o que pensaríamos sobre isso? E se você dissesse a mesma coisa para mim ou para alguém na rua, qual seria o significado disso, em cada situação?

Muitas vezes rotulamos rapidamente as pessoas como tipos espirituais ou mundanos. As pessoas na rua o fazem tanto quanto as pessoas que meditam em templos. Além disso, apresentações culturais tradicionais do Dharma podem fazer aumentar essa noção de contraste. Porém, distinções fortes desse tipo podem destruir as oportunidades de nos comunicarmos uns com os outros. No momento em que rotulamos alguém como "mundano" e em que essa pessoa nos rotula como "espiritual", tem fim a nossa comunicação e, junto com ela, qualquer possibilidade de desenvolvermos um relacionamento mais profundo.

Evitamos essa distinção, para nos relacionarmos com o caminho como uma forma de vida, e não como uma jornada rumo a determinado objetivo ou estado de realização, ou para "salvar pessoas". Pelo contrário, a nossa jornada se torna a própria vida e a nossa prática se torna nos relacionarmos com as situações cotidianas enquanto elas se manifestam, enquanto elas ocorrem em meio às nossas mentes e emoções, e em meio às mentes e emoções das outras pessoas. Quando operamos nesse nível mais fundamental, há um fluxo natural de comunicação entre nós e o mundo. Quando falamos com o próximo usando a língua e a experiência da vida cotidiana, eles entendem. Basta mencionar algo como raiva, ciúmes ou paixão e a plateia fica interessada. Muitas pessoas se abrem ao nos ouvir falando sobre como lidamos, em nossa própria vida, com essas emoções — e também com os outros sete pecados capitais.

Por outro lado, se abandonamos esse nível e começamos a falar como um erudito ou sacerdote, poucas pessoas comuns compreenderão ou se importarão com o que está sendo dito. Podemos nos conectar mais direta e pessoalmente com os outros ao compartilharmos experiências comuns de como lidamos com a própria vida, sem discutir a espiritualidade diretamente. É por isso que, muitas vezes, é mais fácil nos conectarmos com pessoas em bares ou fumando na calçada do que com as pessoas no templo. Se não acredita nisso, lembre-se das pessoas que vemos em terminais de aeroporto carregando panfletos, tratados religiosos e fotos dos seus líderes sagrados. Geralmente, elas são evitadas como se tivessem uma doença contagiosa.

Quando fazemos uma conexão genuína com outra pessoa, essa é uma conexão de coração. Podemos tocar outro coração, outra vida, com nada mais do que o nosso próprio coração e a nossa própria vida. É possível que nós mesmos sejamos quem mais se beneficia com isso. Nunca sabemos o que acontecerá ou quem acabará por libertar quem. Quando estendemos a mão, estamos oferecendo o abandono de nossas preconcepções sobre "quem sou eu" e "quem é você", e isso pode e deve acontecer. Um encontro de mentes ou corações nunca é sobre uma única pessoa. Esses encontros são como uma reação química, uma alquimia que pode transformar a ambos.

Nada a perder

Nosso apreço por este mundo louco e confuso vem por percebermos que podemos despertar com a mente que temos agora. Essa perspectiva mais positiva quanto aos nossos pensamentos e emoções não significa que nos entregamos a nossos padrões habituais, mas que fazemos o melhor uso do que temos. Quando a raiva nos assola, podemos usar a sua brilhante energia para reconhecer os padrões da raiva como um todo e com maior clareza, vindo assim a superá-los. Da mesma forma, todas as nossas experiências podem nos ajudar a despertar nosso discernimento. Em um determinado ponto, teremos cortado inteiramente a raiz da ignorância. A descoberta do fato de que a nossa mente pode ser trabalhada é um motivo de alegria. É o que torna possível que amemos o mundo exatamente como ele é. Em vez de nos esforçarmos muitíssimo na direção de um objetivo, podemos começar a relaxar e aproveitar o processo.

Se a única coisa que a vida tivesse a oferecer fosse um ciclo infindável de dor e de prazer, então, sim, poderíamos ir para uma montanha ou entrar em um mosteiro e buscar a paz por lá. Afinal, não queremos fazer de nossa casa um campo de batalha ou viver todos os dias em um hospício. Podemos gostar de assistir à loucura e ao drama da condição humana na televisão, mas não queremos que a nossa vida seja um filme de ação, um melodrama ou um *reality show*. Ainda assim, apesar de todas as nossas reclamações e julgamentos, em vez de fugirmos do mundo, descobrimos que somos atraídos de volta para o seu cerne, vez após vez. A nossa paixão pela vida vem tanto por apreciarmos os seus desafios quanto por apreciarmos as suas oportunidades, e também por percebermos que, no final, não temos nada a perder abrindo nosso coração. De todo modo, estamos presos aqui com a nossa mente, e não há muito o que possamos fazer frente a isso. Não podemos simplesmente jogar a nossa mente fora e comprar um modelo melhor.

Já que estamos presos neste mundo com a nossa mente, por que não fazemos melhor uso disso? Por que não descobrirmos um jeito de nos divertir, assim como fazíamos quando éramos crianças presas na sala de aula? Sabíamos que não podíamos sair de lá, mas geralmente descobríamos um jeito de nos entreter. Até uma folha de papel podia se tornar um aviãozinho para levar uma mensagem para o outro lado da sala — ou para fazer um ataque ao professor. Sejamos criancinhas em um mosteiro, querendo sair pra brincar, adultos presos em uma prisão, executivos em uma reunião ou astronautas em órbita, estamos todos no mesmo barco. Enquanto estamos aqui, por que não aprender com a criança que já fomos e fazer algo criativo?

O coração altruísta

Às vezes, dizemos que o mundo é vasto e, às vezes, dizemos que ele é pequeno. Não interessa como o imaginamos, nós sabemos que existem incontáveis pessoas na Terra e, pelo menos, o mesmo número de formas de sofrimento. Não importa se o sofrimento vem de dentro ou se vem de fora, ele muitas vezes se torna mais intenso devido à sensação de isolamento e de solidão que traz consigo. O sofrimento nos dá a impressão de que não temos amigos. Quando abrimos o nosso coração para os outros, a magnitude do sofrimento que encontramos pode se mostrar quase insuportável. Nossos sentimentos de compaixão e amor podem entrar em estado de choque. Por isso, é útil lembrar que o remédio mais poderoso que podemos oferecer para um sofrimento de qualquer tipo é simplesmente a bondade. A bondade diz: "Você não está só. Eu o vejo, eu o ouço. Estou aqui com você." Mesmo que seja durante apenas um instante ou durante apenas um dia, aquele sentimento de conexão genuína pode mudar a trajetória de uma vida. Ser genuíno e bondoso é como um remédio de amplo espectro para a dor que atinge o coração. Oferecer comida, abrigo e trabalho é importante, e isso deve também sempre ser feito, o tanto quanto possível. Se estamos em uma posição de dar alguma dessas coisas, não devemos hesitar. Mas todos temos capacidade de ser genuínos e bondosos.

Para oferecer bondade aos outros precisamos, em primeiro lugar, aprender a ser bondosos para com nós mesmos. Só então poderemos focar os outros e estender parte da mesma bondade a eles. Novamente, querer ajudar os outros não significa que temos como objetivo salvá-los, no sentido de colocá-los no "rumo certo", de acordo com a nossa visão. Se há como realmente salvarmos alguém, sermos genuínos e bondosos é provavelmente o único modo. Não vamos conseguir salvar ninguém, empurrando as pessoas na direção de um objetivo que temos em mente. Se estivermos motivados dessa forma, nossas ações serão como as de um missionário religioso, não como as ações de um bom amigo. Há muito egocentrismo em querer ser um salvador, além dessa ser uma visão teísta. Podemos pensar: "Eu só quero salvar José e Maria deles mesmos. Não estou tentando salvar suas almas." Nesse caso, podemos estar usando um rótulo diferente, mas a nossa atitude e as nossas ações são praticamente as mesmas.

Podemos, por outro lado, apenas ser como melhores amigos para todos. Quando temos um bom amigo, sabemos que essa pessoa sempre tentará estar presente se precisarmos de ajuda. Um amigo não surge tentando converter ou salvar, ele surge para dar apoio e melhorar a situação como for necessário. Um relacionamento pode ruir quando uma pessoa tenta salvar a outra. Podemos tentar resgatar um amigo ou um companheiro da angústia e da depressão, ou simplesmente da desfortuna de deter visões políticas equivocadas. Mesmo assim, precisamos respeitar a integridade de cada indivíduo e a sua própria limitação em termos de conhecimento. Em contrapartida, em muitos casos, a bondade é tudo que se consegue oferecer — e tudo que se precisa oferecer. Um coração bom, gentil e amoroso pode derreter as barreiras que nos separam. Quando sentimos a qualidade da bondade verdadeira em nosso próprio coração e podemos passar isso para outra pessoa, então, embora essa pessoa possa estar em uma situação triste ou difícil, sua bondade irradia um sentido curativo de calor humano e paz.

Nosso senso de apreciação por este mundo que nos traz tanto sofrimento quanto alegria é apenas o início de uma grande aventura. Uma vez que tanto o coração quanto a mente estejam abertos, unidos e trabalhando juntos, tornamo-nos mais corajosos e ousados. Seguimos adiante no caminho que nos leva da perspectiva de apreciar o outro até a perspectiva embasada totalmente no altruísmo. Não conseguiremos fazer isso de supetão, é claro. Será algo que desenvolveremos ao trabalhar os nossos hábitos, passo a passo. Se nos acostumamos a apreciar o outro, esse hábito se torna mais forte. Se, além disso, desenvolvemos o hábito de olhar para o mundo pelas lentes da ausência de eu, então, esse hábito também se fortalece. Juntos, esses hábitos transformam a atitude de autointeresse em uma preocupação compassiva e desinteressada pelos outros.

A compaixão e o altruísmo são diferentes? De uma perspectiva budista, são a mesma coisa. Tecnicamente, no entanto, altruísmo parece querer dizer que a nossa compaixão se expande até o ponto em que nos engajamos em trazer bem aos outros. Isso não significa que abandonamos a nós mesmos nesse processo, mas que, na prática, tendemos a pensar no que outra pessoa pode precisar, antes de pensarmos em nossas próprias necessidades e desejos. Em uma refeição feita com mais alguém, naturalmente oferecemos o prato principal para cada um dos convidados, antes de servirmos a nós mesmos. Se estamos em uma lista de espera para uma operação, não tentamos furar a fila. Se há alguém com uma necessidade mais urgente do que a nossa, deixamos essa pessoa passar à nossa frente. No que concerne a poder e dinheiro, ficamos felizes em vê-los nas mãos de qualquer um que saiba utilizá-los de forma sábia, para o bem de todos, não interessando se somos nós os beneficiados ou se é outra pessoa. Em outras palavras, o altruísmo genuíno vem de um estado de equanimidade. Estamos em paz com nós mesmos e contentes com o que temos. Superada a fixação no eu, ficamos relaxados e felizes. Oferecer não requer esforço e é uma fonte de alegria.

A AVENTURA DO AMOR

Embora isso possa parecer bom no papel, é difícil acreditar nisso tudo. Qual a utilidade desses retratos idealistas, uma vez que não conhecemos ninguém que viva assim? Talvez aqui a questão seja reconhecer em nós mesmos esses momentos de compaixão e completa ausência de eu. Todos nós temos pessoas a quem amamos incondicionalmente. Temos momentos em que amamos até a nós mesmos. Ocasionalmente, por algumas horas ou dias, quando estamos em paz, reconhecemos ações nossas que são gentis e bondosas. Nesse sentido, já temos um coração altruísta. Não precisamos de um coração novo ou melhor. Precisamos apenas reconhecer o coração que já temos e trabalhar com ele, acreditar nele, e desafiá-lo até que ele encontre seu poder total. É nessa aventura que o seu próprio buddha rebelde fica feliz de embarcar.

Essa semente básica de compaixão está presente o tempo todo, nas mentes de todos os seres — sejam eles humanos, animais ou qualquer outro tipo de criatura que possa existir por aí. Não interessa o quão horrível seja uma pessoa, essa semente de compaixão irá se manifestar de alguma forma em sua vida. Sim, há tiranos implacáveis e terríveis, no passado e no presente, e que causaram caos no mundo, produzindo sofrimento inenarrável. E, todo dia, alguém negocia a felicidade e o bem-estar de sua família e amigos por algum dinheiro, poder ou fama. Olhamos para alguém assim e pensamos: "Essa pessoa, sem dúvida, não tem jeito." Não vemos nenhuma fagulha de dignidade, nenhuma integridade, nenhuma honestidade nessa pessoa.

Pensar dessa forma é o máximo em que conseguimos tropeçar, por assim dizer. Podemos quase perder a conexão com a nossa natureza desperta. Mas lá no fundo do coração do ser mais primitivo ou corrupto que possa existir, ainda há um senso básico de compaixão. Há algo com que podemos nos conectar. Não há quem não tenha jeito. Há uma qualidade de suavidade, um potencial para a gentileza, um sentido de vulnerabilidade que pessoas assim geralmente temem exibir. Talvez se apaixonem por alguém ou tenham uma grande paixão por música e arte, mas há sempre algo que revela uma conexão com a sua humanidade. Mesmo os predadores mais ferozes, aqueles que comem as suas presas ainda vivas, cuidam de sua prole com amor.

Essa semente de compaixão, esse senso de abertura, de suavidade e de calor humano, é com isso que agora precisamos nos conectar. Quanto mais genuínos somos, quanto mais honestos somos frente a nós mesmos, e sem pretensões ou maquinações frente aos outros, mais conscientes nos tornamos de toda a potencialidade que existe ao nosso redor. O mundo se torna mais brilhante, mais surpreendente e mais leve, e até mesmo mais atraente. Nessa jornada, é natural se apaixonar pelo mundo. Apesar do sofrimento e da confusão frenética do mundo, ele também é dotado de grande beleza e de um grande poder, que nos nutrem e nos sustentam em muitos níveis. É por isso que criamos arte e a apreciamos, é por isso que dançamos e cantamos, jogamos, contamos histórias e nos maravilhamos com a velocidade de uma maçã caindo de uma árvore. Criamos problemas, sem dúvida, então tentamos resolvê-los e às vezes conseguimos! Ainda somos um esboço.

A compaixão e o altruísmo, portanto, não dizem respeito a ser perfeito ou apenas fazer o bem, mas sim a esse coração ousado que se importa com os outros e com a vida. Podemos nunca vir a salvar o mundo, mas as nossas ações ajudam de maneiras profundas, porque surgem espontaneamente através do amor. Isso pode soar romântico demais, porque temos essa ideia de que o amor é cego. Pode ser irracional e pouco prático. Mas o nosso sentimento profundo pelo mundo pode também gerar mais estado desperto, sem obscurecer a nossa visão e o nosso poder de raciocínio. Quando somos guiados pela inteligência, as nossas ações não são impulsivas. Uma ação genuinamente espontânea é habilidosa, precisa e adequada, considera todo o contexto e movimenta a situação na direção mais apropriada. Não importa a nossa intenção, uma ação não é verdadeiramente compassiva se não é de ajuda.

Apaixonarmo-nos dessa forma nem sempre é fácil. Teríamos que ser tolos para não reconhecer isso. Assim, é melhor pensarmos em como podemos trazer esse coração da compaixão para a nossa vida, de uma forma prática. Cada um de nós o fará de uma forma sutilmente diferente. O que é melhor para mim pode ser diferente do que é melhor para você. Essa jornada é muito pessoal, interior. Estamos trazendo o coração e a mente cada vez para mais perto um do outro, na direção de um estado de alegre união. Estamos fechando o espaço entre o espiritual e o mundano, o baixo e o alto, o eu e o outro. É assim que transformamos o nosso caminho. De problema a ser solucionado ou objetivo a ser atingido, ele se transforma em uma forma de vida que é genuinamente significativa e benéfica. Ao mesmo tempo, não podemos ter certeza quanto a quem ou quanto ao que vamos encontrar em seguida, pois esse caminho também é uma aventura.

A seleção para uma bolsa

Imagine se fôssemos até alguém e disséssemos: "Eu gostaria realmente de ajudá-lo, mas, antes, você precisa resolver umas questões. E seria ótimo também se você conseguisse agir um pouco melhor comigo. Aí sim, eu poderia lhe ajudar." Podemos não dizer isso em voz alta ou estar totalmente cientes do que estamos falando. De todo modo, esse tipo de pré-requisito às vezes aparece. É aí que jaz a nossa confusão, quanto a ampliar o nosso coração de compaixão. Queremos ajudar as pessoas, mas ao mesmo tempo, temos as nossas próprias exigências e as pessoas precisam dar conta delas. É como participar de uma seleção para a bolsa de uma fundação de caridade. Há várias páginas de pré-requisitos, condições e obrigações a satisfazer e promessas a manter antes de obter o apoio da fundação. A visão da compaixão de que estamos falando não é assim. A compaixão começa para nós com um sentido de aceitação. É mais um aperto de mãos do que um acordo pré-nupcial. Encontramo-nos e fazemos uma conexão, e então vamos cuidando dos pormenores ao longo do trajeto.

Encarando desafios do mundo real

Sendo capazes de deixar de lado a nossa lista de pré-requisitos e aceitando os outros como eles são, poderemos encontrar uma forma inteligente de nos conectarmos com o seu estado mental ou emocional e realmente ajudá-los. Quando chegamos a esse ponto, a nossa compaixão é verdadeira e não especializada ou limitada — reservada para alguns e negada para outros. Nossa vida se torna cada vez mais permeada por essa perspectiva altruísta, o nosso caminho e a nossa vida começam a se ligar, unindo-se em um determinado ponto. Nesse momento, não há mais diferença entre o que chamamos de caminho espiritual e o que chamamos de vida. Quando os nossos vizinhos nos veem, eles não veem uma figura religiosa, talvez nem mesmo uma figura espiritual. Eles não veem um alguém recluso ou um monge que segue um código transcendental de conduta. Eles veem apenas um bom vizinho. Quando a vida e a prática espiritual se mesclam dessa forma, tudo o que encontramos em nossa vida cotidiana pode se tornar parte de nossa prática. Nada precisa ficar de fora de nossa jornada.

Entretanto, já que não há mais nenhum grande contraste entre vida e prática, como sabemos se estamos mesmo praticando? Estamos em nossa confortável casa com o nosso companheiro, com os nossos filhos, com um cachorrinho, com um gatinho ou quem sabe um porquinho no quintal. E era mais ou menos assim que éramos no início de nossa jornada. Se fôssemos membros de uma comunidade monástica, por outro lado, estaríamos vivendo em um ambiente diferente, com uma escala de horários estabelecida e um código de conduta, que constantemente nos lembrariam de nossa intenção de praticar. Tudo estaria colocado muito claramente. Já que esse não é o nosso caso, qual é a nossa fonte da disciplina? A presença mental e a consciência que desenvolvemos anteriormente. Como donos de casa, provemos um sentido de disciplina à nossa mente, sentido que não aplicamos ao nosso estilo de vida. Então, a pergunta "estou de fato praticando?" é algo que cada um de nós precisa responder por si mesmo.

Observemos a nossa mente, ao acordar pela manhã e descobrir que não há leite para o café, que está chovendo de novo, que o carro precisa de gasolina, que as crianças estão com fones de ouvido e não nos respondem. Nesse momento, onde está a equanimidade e a compaixão? Se precisamos de lembretes que nos incitem à prática, é fácil encontrá-los em nossas vidas.

Em nosso cotidiano doméstico, temos muito mais oportunidades de encarar desafios reais do mundo do que eremitas ou renunciantes. O tempo inicial que passamos trabalhando com a nossa mente é uma preparação para enfrentar esses desafios, para levar para o mundo o nosso treinamento da mente e a nossa ação. Por exemplo, podemos praticar lidando com as nossas emoções durante a meditação. Começamos sentados, em silêncio, e então convidamos a nossa raiva ou inveja, de forma a olharmos e a trabalharmos com elas. Esse tipo de treinamento é muito importante, mas é também similar aos exercícios militares praticados pelas forças armadas. Embora nos capacite em termos de habilidades básicas e estratégias úteis para reconhecer e trabalhar com os nossos estados emocionais, ainda assim, nesse caso estamos em uma zona desmilitarizada, protegidos do fogo inimigo. Estamos seguros enquanto estivermos nesse casulo. Chega a hora, porém, em que precisamos sair de nosso esconderijo e testar as nossas habilidades, verificar o que aprendemos. Temos que sair ao campo e nos arriscar nos perigos da raiva, inveja e desejo reais — precisamos ir além de permanecermos meros cadetes budistas, soldados em treinamento. É na arena da própria vida que nos tornamos um guerreiro e ganhamos a nossa liberdade.

Até onde estamos dispostos a ir?

Uma vez que tenhamos unificado a prática com a vida cotidiana, cada parte de nosso mundo oferece uma forma de explorar o estado desperto, estejamos em um templo, estejamos na rua. Portanto, temos que seguir cuidando de nossa mente, verificando a motivação em todas as situações. Embora não estejamos tentando "salvar" a humanidade, ao fazer uso dessas oportunidades cotidianas, a nossa vida inteira se torna um caminho na direção da liberdade e, simultaneamente, isso contribui para a liberdade dos outros.

Esse coração de compaixão, nobre e desinteressado, de que estamos falando pode soar algo extremo. Abandonar todo o autointeresse? Dedicarmo-nos 100% ao bem dos outros? E tenha em mente de que estamos falando de pessoas reais, não apenas da abstração de "os outros". Essas pessoas charmosas ou irritantes a que nos referimos podem estar vivendo na rua principal de uma cidadezinha ou em Wall Street. Podem ler notícias na *Comedy Central* ou na *Fox News*. Podem ser inteligentes e cheias de discernimento ou burras e cheias de intolerância. Até que ponto estamos dispostos a superar as nossas tendências, em termos de opiniões e valores, para efetivamente tocar uma pessoa confusa e que está sofrendo?

De fato, a compaixão não é um estado que criamos para realizar boas obras para beneficiar alguém. É parte de nossa natureza e, quando nos conectamos com ela, acabamos nos enriquecendo e nos beneficiando no mínimo tanto quanto a pessoa que é objeto de nossa simpatia e preocupação. Quando estamos genuinamente engajados em um processo de trabalhar com os outros, também estamos trabalhando com nós mesmos. Assim, todo e qualquer tempo que gastamos em um processo desse tipo não é um desperdício, mesmo do ponto de vista da liberdade individual. Há um ditado budista que diz "ajudar os outros é a forma suprema de ajudar a si próprio". Exatamente no momento em que estamos tentando aconselhar outra pessoa, dando o melhor de nós, realmente tentando ajudar, oferecendo o nosso melhor discernimento sobre os problemas dela, é nesse momento em que podemos ter uma súbita realização quanto a um problema de nós mesmos. Geralmente, é durante os nossos esforços de ajudar os outros em suas confusões que vivenciamos alguma liberação de nossa própria confusão. Esse potencial para benefício mútuo está sempre presente. Por essa razão, não devemos sustentar a visão de que somos inteligentes e de que a pobre pessoa confusa na nossa frente não sabe de nada. Ao mesmo tempo, não devemos esperar qualquer resultado ou recompensa. Em resumo, compaixão genuína é algo livre de manobras.

Destemor

A compaixão pode emergir em algo pequeno e específico, e se tornar vasta como o céu. Começamos simplesmente dando valor a uma obra de arte ou ao nosso animal de estimação, e assim descobrimos que estamos abrindo os nossos corações e gradualmente apreciando mais o mundo. Se não nos fechamos a esse processo, a nossa capacidade de dar valor ao mundo e a nossa empatia podem se expandir e cobrir tudo, alcançando cada uma das pessoas neste mundo. Mas, em primeiro lugar, temos que estar dispostos a abrir nossos corações. Até mesmo essa disposição, por si só, pode se desenvolver completamente e se tornar um estado de destemor. Por que precisamos de destemor para ir aonde estamos indo? Porque quando abrimos o nosso coração, expomos o que somos para o mundo. Não abrimos o nosso coração em particular, com as janelas fechadas. É um ato de coragem ser quem somos em todas as situações, sem nos escondermos atrás de uma barreira. Embora possa soar contraditório, somos vulneráveis e destemidos ao mesmo tempo.

Esse tipo de vulnerabilidade algumas vezes é confundida com fraqueza, mas é uma expressão de força. Em termos comuns, abertura significa que não temos defesas e que nos arriscamos a ser atacados. Segue-se disso que, sem algum tipo de sistema de defesa, estaríamos apenas convidando a confusão. Isso está tão engendrado em nós que muitas vezes reagimos na defensiva, mesmo quando não sabemos exatamente o que estamos protegendo: pode ser simplesmente a nossa neurose. Ainda assim, esse escudo de defesa precisa ser deixado de lado, em nossa jornada espiritual, e a única forma para fazer isso é confiando em nós mesmos. Nesse caso, confiar em nós mesmos significa que não só confiamos que podemos trabalhar efetivamente com a nossa neurose, mas também que podemos trabalhar com as neuroses que surgem à nossa frente. Logo, o ambiente todo se torna trabalhável. Quando perdemos isso de vista, tudo parece opressivo e não há propriamente um sentido de abertura.

Ser destemido não significa tornar-se mais agressivo, solidificar a nossa fixação no eu ou aumentar a nossa autoimportância. Significa simplesmente que estamos dispostos a nos abrir, a sermos genuínos e honestos para com nós mesmos e para com os outros. Se fizermos isso, não há nada a temer. Se, no entanto, fizermos uma encenação e posarmos de bonzinhos, enquanto simultaneamente encobrimos as nossas egoístas segundas intenções, sempre haverá motivos para nos escondermos e algo a temer. Enquanto as nossas intenções forem puras, enquanto a nossa visão for clara, enquanto permanecermos no território da honestidade, não há com o que se preocupar. Se marcamos um X nessas caixinhas, podemos relaxar.

DO DESPERTAR AO DESPERTO: CAUSA E EFEITO

Nas culturas ocidentais, podemos dizer que nos apaixonamos com o nosso coração e nos desencantamos com a nossa cabeça. O coração é para sentimentos e a cabeça é para o pensamento racional, certo? Se esse fosse o caso, haveria, em cada um de nós, dois centros de poder nem sempre concordantes. Porém, de uma perspectiva budista, o verdadeiro centro da mente é o coração — não é o cérebro ou a cabeça. A compaixão e a consciência clara estão sempre naturalmente unidas, e quando nos conectamos com essa experiência de uma forma profunda e genuína, dizemos que isso é dar surgimento ou fazer gerar o "coração desperto" ou a "mente desperta". De qualquer forma, quer digamos coração ou mente, significa a mesma coisa. É estar desperto, é a presença pura, naturalmente aberta, completamente consciente e que ama incondicionalmente. A qualidade do coração desperto (usaremos esse termo) existe na forma de "semente" em todas as nossas experiências mentais.

O que nos ajuda a transformar o nosso potencial de semente em um estado totalmente desabrochado é, como tudo, uma questão de causa e efeito. Se plantamos uma semente em um terreno fértil e a regamos, assegurando-nos de que naquele ponto bate sol e assim por diante, a semente vai amadurecer e, em um determinado momento, produzirá uma planta madura com flores e frutos. Da mesma forma, há causas que dão suporte ao pleno despertar de nosso coração. Uma causa é algo que tem o poder de produzir um resultado específico, portanto o que queremos conhecer são as causas específicas que têm poder de despertar.

O Buddha ensinou que a experiência do coração desperto pode ser causada através de cinco formas:

Ao depositarmos confiança em amigos espirituais qualificados;
Ao cultivarmos as qualidades de bondade amorosa e compaixão;
Ao aumentarmos as nossas ações positivas;
Ao estudarmos os ensinamentos e afiarmos o intelecto;
Ao mesclarmos com a mente o conhecimento que obtemos pelo estudo.[2]

Até agora já discutimos todas as formas, exceto a primeira. Basicamente, a prescrição é fazer o melhor uso das oportunidades que temos nesta vida curta.

Já que é uma tradição e que é recomendado termos o que chamamos de "professor", vamos examinar essa que é uma das mais interessantes, incompreendidas e, em alguns momentos, controversas forças de transformação no caminho budista.

Há vários tipos de professores que podemos ter, em cada um dos estágios do caminho. Eles podem ser representados por uma pessoa diferente ou podem ser a mesma pessoa mudando de papel. Um tipo de professor é o erudito-filósofo, alguém que nos instrui com relação aos ensinamentos básicos e os aspectos fundamentais do caminho. Outro tipo é o professor que age como um guia e nos aconselha a colocar esses ensinamentos básicos e fundamentais em prática. Quando encontramos obstáculos, esse professor ou professora pode nos ajudar a enfrentá-los. Em seguida, temos o professor que surge mais ao estilo de um "sábio", apontando a porta para o conhecimento profundo e mostrando como atravessá-la. Assim, o primeiro professor é como um professor de direito, um especialista em teoria que ensina as regras básicas e explica as histórias e raciocínios por trás delas. O segundo é como um advogado, que sabe como essas teorias funcionam na vida real e não apenas nos livros. O terceiro tipo é como um juiz, o professor mais doloroso e mais necessário de todos, que aponta as nossas fraquezas e mantém a nossa honestidade.

Essas são generalizações, é claro. O professor pode aparecer em qualquer formato. Ainda assim, Buddha ensinou que o professor último em que devemos confiar é a nossa natureza da mente. Mas, até que encontremos esse professor "interno" de uma forma bem explícita, esses outros professores nos ajudam e nos impedem de retroceder em nossa experiência de ausência de eu para um ego sólido.

QUEM É O PROFESSOR?

Estamos acostumados a uma forma particular de entender o que "professor" significa, devido a todas as experiências que vivemos com escolas e professores — da nossa primeira ida ao jardim de infância até os anos na universidade ou na escola de formação profissional. Esse, porém, não é o sentido real da palavra utilizada pelo Buddha, quando ele apresentou a ideia do que chamamos de "professor". A palavra que ele utilizou significava "amigo espiritual". É importante refletir sobre o que queremos dizer hoje em dia quando dizemos "professor", especialmente em um contexto espiritual. Isso tem implicações mais profundas do que podemos imaginar, porque, quando entendida incorretamente, a relação professor–aluno pode se tornar muito pesada e um pouco deprimente.

Em nosso sistema educacional, vemos os professores de crianças pequenas meio que como babás, mas as crianças crescem física e psicologicamente, e então passamos a sustentar um respeito pelos professores. Confiamos que os professores conheçam bem os seus campos de conhecimento e que as suas motivações sejam benévolas. Quanto mais elevado o grau de educação, mais respeito tendemos a conceder e, ao mesmo tempo, podemos ser menos capazes de nos relacionarmos com eles de uma perspectiva cotidiana comum. O que dizemos a um professor de astrofísica ou de poética aristotélica? Podemos sentir um distanciamento enorme entre nós mesmos e essa pessoa tão erudita, conhecedora, cujos pensamentos estão ocupados de assuntos tão elevados. Esse sentido de disparidade pode se tornar ainda maior na arena espiritual, onde colocamos as figuras sagradas em um pedestal, muito acima da esfera de homens e mulheres comuns — considerando-as entidades superiores. Em um determinado ponto, esse distanciamento se torna tão grande que uma conexão torna-se impossível. Acaba a possibilidade de qualquer um dos lados de se comunicar genuinamente com o outro. Cada pessoa permanece em uma posição reconhecida e fixa, com um papel estabelecido no relacionamento: uma é superior e a outra inferior. Uma sabe de tudo e a outra é um recipiente vazio, um suplicante, alguém que esmola conhecimento, sabedoria e bênçãos.

Na ausência de qualquer conexão verdadeira, a separação entre o aluno e o professor se enche de projeções. O aluno pensa: "Essa pessoa recebe o título de mestre, logo deve ter grande realização. Pode até ser iluminado, quem sabe." E assim por diante. Projetamos muitas ideias diferentes sobre "professor" na personalidade humana que detém esse título. E, porque sentimos que esses mestres possuem conhecimentos maiores do que os nossos, eles se tornam, em nossas mentes e em certa medida, semelhantes a deuses. Estar em suas presenças se torna intimidador, sentimos que precisamos agradar, obedecer ou elogiar. No entanto, essas não são expressões de respeito genuíno e não são a intenção original do Buddha, que falou de *amigos* espirituais — não de mestres ou disciplinadores. Às vezes ouvimos um aluno dizer: "Se eu fizer isso ou aquilo, meu professor ficará bravo." Tem certeza? Pense bem. Fora as coisas que imaginamos, o que pode acontecer de fato? Conhecemos essa pessoa tão bem que podemos prever as suas emoções e pensamentos? De qualquer forma, o objetivo do caminho espiritual não é agradar uma pessoa em particular, mas é nos libertar da ignorância, tornarmo-nos completamente quem somos. Assim, o conceito de contentar o professor está errado. Em vez disso, deveríamos examinar a nós mesmos e ganhar consciência de nossas motivações. Assim, poderíamos dizer: "Sim, esse é um caminho correto de ação." Ou: "Não, se eu fizer isso ou aquilo, vou prejudicar minha jornada espiritual e destruir minha visão de liberdade." Essa é uma forma mais sã de lidar com pensamentos desse tipo.

Precisamos prestar atenção em como usamos a linguagem e como ela impacta em nossa mente. As palavras que, no Ocidente, adaptamos de outras línguas são escolhas inteiramente nossas. Escolhemos as palavras "professor", "mestre" e "guru" como títulos para pessoas a que vamos em busca de treinamento e conselhos espirituais. Mas o termo original budista é "amigo espiritual".

Um amigo espiritual autêntico deve ter duas qualidades principais. A primeira delas é que ele deve ter uma boa formação, ter vasto conhecimento dos ensinamentos budistas e discernimento profundo sobre seus significados. A segunda é que deve manter uma disciplina ética corretamente, já que ela é base de todos os treinamentos no caminho budista. É a essas coisas que devemos prestar atenção, quando estivermos buscando por um professor ou por um aliado para o nosso caminho. Já que estamos buscando apenas essas duas qualidades, deve ser bem fácil achar alguém que as possua, certo? Na verdade, leva alguns anos ou algumas vidas para desenvolver essas qualidades. Se tivermos a sorte de encontrar um amigo verdadeiro desse tipo, ele pode se tornar uma grande fonte de inspiração e orientação. Quando estamos prontos para um relacionamento desse tipo, isso sinaliza que estamos bem mais sérios sobre nosso caminho.

Esse tipo de amizade pode fazer toda diferença em nossa jornada espiritual. Nosso professor pode vir a ser a primeira pessoa com que realmente abrimos nosso coração, a primeira com que nos dispomos a ser totalmente honestos. É um relacionamento significativo que travamos com outro ser humano. Pode se tornar uma porta de entrada para um mundo maior, onde somos apresentados ao que significa realmente ver e abraçar todas as formas e dimensões da humanidade, inclusive a nossa. Por ele ser tão significativo, precisamos compreender esse relacionamento e torná-lo real.

O professor como diretor executivo

O amigo espiritual é uma pessoa com quem mantemos um relacionamento de amizade, diferente da forma com que nos relacionamos com figuras de autoridade, chefes ou o diretor executivo de uma organização. Discutimos com esse amigo a nossa prática e compartilhamos com ele as nossas experiências durante o caminho, e ele nos dá conselhos práticos, orientações e apoia nossa jornada. Precisamos compreender isso, porque, falando francamente, esse elemento foi perdido em boa parte de nossas organizações no budismo tibetano. No Ocidente, é particularmente necessário retomar o sentido original da expressão "amigo espiritual" e fazer brotar essa qualidade.

Se olhamos para o desenvolvimento de muitas de nossas organizações budistas no Ocidente, podemos ver que estão estruturadas e funcionam de forma semelhante a corporações. Em certo sentido, esse modelo oferece muitas vantagens em termos de eficiência e, talvez, seja até mesmo necessário em termos de regulamentações legais e financeiras. Os dias do budismo como "negócio de família" já acabaram. Na maioria dos casos, isso significa que o diretor ou presidente da organização é o professor. No passado, o professor principal era também o abade do mosteiro, em uma situação paralela. Dessa forma, além de instrução espiritual, há negócios a serem tratados, projetos a serem administrados, conferências às quais devemos comparecer, diretores a serem nomeados e voluntários a serem geridos. É um solo fértil para a prática da presença mental e da compaixão, é verdade, mas esse enfoque também tem problemas que precisamos evitar.

O professor é agora nosso chefe, dando prazos para entrega de relatórios e orçamentos? Ou o professor é um empregado da organização, que precisa gerar renda com programações, embarcar em turnês de boa vontade, e responder a uma assembleia de diretores? Se consideramos o nosso amigo espiritual como algum tipo de diretor executivo, então, tudo que precisaremos fazer é nos assegurar de que ele esteja realizando o seu trabalho. De outra forma, se a organização estiver perdendo dinheiro ou posição de mercado, ou se não estivermos nos iluminando, podemos simplesmente demiti-lo, como faríamos sendo diretores em uma empresa com desempenho fraco. Nesse cenário, o pedestal se torna uma cadeira de diretor executivo e todas as conversas se tornam uma prestação de contas ou uma negociação. Onde está a amizade, em meio a tudo isso?

Amigos nem sempre falam sobre negócios ou problemas. Um sentido de abertura, de espaço e de relaxamento é necessário. Quando saímos para tomar café com um amigo, não passamos imediatamente a negociar um contrato ou tentar confirmar uma agenda. Saímos para tomar café e aproveitamos a companhia um do outro. Ou quando vamos a um bar, apenas bebemos com nosso amigo. Quando é hora de falar de negócios, certamente devemos fazê-lo, mas isso tem um início e um fim. Quando o encontro acaba, apenas encerramos o assunto. Quando chega a hora de discutir a prática e a vida pessoal, sabemos que teremos atenção completa e interesse compassivo da parte de nosso amigo, mas quando essa discussão acaba, também sabemos mudar de assunto.

Se não conseguimos trocar de assunto e seguimos jogando questões de negócios e agenda pessoal sobre o nosso amigo, 24 horas por dia, 7 dias por semana, temos aí uma grande possibilidade de perder essa amizade. Não há nenhuma sensação de proximidade real, apenas contratos, negócios e um "como eu sofro". Em um relacionamento sadio com um amigo, não falamos apenas de nossas necessidades e problemas o tempo todo. Esse tipo de enfoque autocentrado acaba se voltando contra nós. Em vez de nos dar apoio e bons conselhos, nosso amigo, frustrado, acaba fugindo de nós. Se ligamos para o celular dele, nada. Para o telefone de casa, nada. No caso de e-mail, não temos resposta.

Uma rua de mão dupla

É necessário que vejamos o que a amizade significa em cada nível de relacionamento. A vida espiritual e a vida mundana não estão em oposição. Amigo e professor não são coisas separadas. Não há nenhum professor que não seja também um ser humano, que não tenha necessidades, que não sinta prazer e dor. Isso é verdade, desde os tempos de Buddha até os dias de hoje. Portanto, como amigos, precisamos ajudar uns aos outros tão sinceramente quanto pudermos. Quando nosso amigo estiver em dificuldade, estamos ali, desempenhando a nossa função enquanto amigos, ajudando aquela pessoa como podemos. A amizade não ocorre em uma única direção: ela é uma rua de mão dupla. O bem-estar das duas pessoas está em questão.

Esse enfoque do professor como amigo deve vir do coração e não ser fabricado. Não é como se fosse um pensamento que tentamos impor. Se nos relacionamos um com o outro como amigos, podemos fazer cederem as barreiras que existem entre nós. Não é necessário distanciamento. Só então o poder do amigo espiritual, de nos ajudar a fazer o coração desperto emergir cada vez mais, pode funcionar livremente. Há benefícios no relacionamento para o aluno, porque podemos confiar que o amigo espiritual nutra nossa compreensão e ajude a cultivar as nossas qualidades positivas. Esse amigo (ou amiga) espiritual também será honesto para conosco, apontando as nossas faltas que passam desapercebidas e os nossos autoenganos. Em resumo, podemos dizer que o amigo espiritual é a causa mais importante para o despertar de nosso potencial. Esse amigo (ou amiga) nos guia no caminho, explica os ensinamentos e práticas, e é um modelo para nos tornarmos alguém preparado para a honestidade total e destemidamente disposto a trabalhar com a confusão dos outros.

Não importa se vemos o nosso amigo todos os dias ou muito raramente, esse contato pode ser tão íntimo e impactante que penetra diretamente o coração. Ao abrirmos a porta e convidarmos esse personagem inusitado, há um momento de pânico em que vemos todas as nossas preconcepções voando pela janela. Ainda assim, ali estamos: sentindo-nos um pouco despidos, um pouco desconfiados, um pouco inebriados. Será essa pessoa o buddha que imaginamos — ou será um louco?

Ou, no pior cenário, o amigo é apenas alguém comum — sem nada de especial? Temos todos os tipos de pensamentos, pensamentos que não são particularmente problemas. Nosso amigo pode até mesmo alimentar as nossas dúvidas e desconfianças, até que cheguemos a um ponto além do frenesi dos pensamentos ou de algo que consideramos real ou verdadeiro. No final das contas, descobrir quem é o nosso amigo é uma forma de descobrir quem somos. Somos um buddha, somos loucos ou somos seres comuns? Nosso amigo apenas espelha as nossas esperanças e medos sem distorção, até reconhecermos a nossa própria face, nosso próprio coração.

Demonstrando respeito

Como devemos agir na presença de um amigo espiritual? Podemos seguir o exemplo dos outros: levantamos, sentamos, curvamo-nos, prostramo-nos, falamos ou ficamos em silêncio dependendo do que os outros fazem. Essa é uma forma de aprender os protocolos tradicionais, ensinados para demonstrar respeito aos professores e ao ensinamento. Às vezes, gestos como esses são adequados, principalmente se estamos em um templo, onde há imagens de buddhas e textos budistas, e se estamos reunidos com a comunidade de praticantes. Assim, se nos sentimos integrados ao ambiente sagrado, colocamos as palmas das mãos juntas na altura do coração e curvamos a cabeça. Não precisamos de manual para isso. Mas, se encontramos o professor em público (em um café, por exemplo), um "olá" ou um aperto de mãos são suficientes, a não ser que também queiramos demonstrar respeito pelo estabelecimento e pelos outros consumidores, e fé na bondade básica do café e dos *croissants*.

Nossa conduta na presença de nosso amigo espiritual não precisa ser formal ou complicada. Podemos nos forçar a aprender todas as formas apropriadas de expressar respeito, mas todas as reverências e prostrações não passarão de gestos vazios, sem sentido algum, se não houver um sentimento verdadeiro por trás delas. Se sentimos apreciação, afeto e confiança naturais por nosso amigo, o respeito surge automaticamente. Não temos que fabricar nosso respeito intencionalmente ou nos preocupar com relação a aderir a todas as formas tradicionais. Nosso respeito estará naturalmente evidente em nossa presença e em todas nossas ações. Estejamos de pé ou oferecendo uma tigela simples, não faltará nada. Mas, se não sentimos confiança ou apreciação naturalmente, podemos precisar de manuais de etiqueta ou dos "guias para iniciantes" que inventam para tudo. Por outro lado, podemos apenas relaxar e sermos quem somos e ver o que acontece.

O Buddha ensinou que ter um amigo espiritual nos ajuda em nossa jornada para a liberação. Isso muda nossa viagem e a torna mais poderosa e vívida.

Também a torna mais divertida. Nós e nosso amigo espiritual estamos juntos no caminho para a liberdade. Não importa se o território pelo qual estejamos passando é familiar ou se é estranho e novo: não estamos o seguindo a sós, temos um guia e um companheiro em quem confiar. Quanto mais adiante seguimos, mais despertos nos sentimos. Quanto mais despertos nos sentimos, mais percebemos que estamos nos tornando o que realmente somos. Atingido esse ponto, não há retorno. Quando vamos além do eu, descobrimos o poder insuperável do amor e da compaixão desinteressada. A beleza está em todos os lugares, porque a mente é bela. É isso que chamamos de coração desperto.

O que você tem na boca

Há um ditado tibetano: "O que está na boca também deve estar na mão." Descreve pessoas que não ficam só na conversa, que colocam as palavras em ação. No Ocidente, dizemos que pessoas assim fazem o que dizem, praticam o que pregam.

Há duas formas de levar a prática da compaixão e a atitude de altruísmo de forma ativa para a vida. A primeira é desenvolvendo uma intenção clara e forte de fazê-lo, que é como pensar bastante sobre algo por um longo tempo e então chegar a uma conclusão. Nesse caso, o que se pensa é o quanto seremos capazes de levar isso a sério. É uma grande questão. Se decidirmos nos comprometer com realmente fazer isso, fazemos dessa promessa parte do nosso ser, absorvemos essa promessa. Esse é o primeiro passo. O segundo passo é que começamos a fazer o que for necessário para realizar essa aspiração, caso contrário ela permanecerá apenas no discurso. O que precisamos fazer? Precisamos despertar para ajudar os outros a também despertar. É difícil para alguém que está dormindo fazer com que outra pessoa acorde, mesmo que ela esteja no mesmo recinto, tendo um pesadelo.

A transição da aspiração para a ação assume um lugar em nossas atividades cotidianas. Começamos a reverter alguns de nossos hábitos egocêntricos e os substituir por palavras e ações que beneficiam os outros. Podem ser coisas pequenas, mas precisamos começar com algo. Não podemos apenas esperar que as boas intenções transformem-se em ações positivas. Se estamos felizes com a crença de que "um dia serei realmente generoso e disciplinado e ajudarei os outros", isso é mero pensamento mágico. Em vez de sonhar com esse dia, devemos colocar o que falamos em prática, passo a passo, mas sem nos esquecermos de sempre dar mais um passo. Enquanto mudamos a nossa forma de pensar, as nossas ações se alteram. Enquanto mudamos as nossas ações, a nossa forma de pensar também começa a mudar. E assim por diante.

Porém, não devemos assumir algo que seja desafiador ou ambicioso demais. Devemos tentar algo que sabemos que podemos fazer e em que podemos seguir vagarosamente. Ironicamente, é o nosso próprio sentido de inspiração que algumas vezes nos trai. Se exageramos e fracassamos, o que acontece? Corremos o risco de acabar desencorajados e de perder o foco. Podemos sentir que um coração nobre desse tipo é demais para uma pessoa comum. Assim, podemos ser levados a aplicar essa lógica para todo o caminho, pensando "não, isso não é para mim", quando, na verdade, o nosso único problema foi não sermos habilidosos o bastante em algumas de nossas ações.

NÃO COMA NADA MAIOR DO QUE SUA CABEÇA

Certa vez, eu estava com alguns amigos em um restaurante na Ásia e um lama faminto pediu um hambúrguer enorme. Sabíamos que seria grande, mas quando chegou à mesa, era grande demais. Era enorme. Nunca havíamos visto algo assim. Naquele momento um ocidental que passava por ali disse para o lama: "Não coma nada que seja maior do que sua cabeça!" Da mesma forma, não devemos no caminho espiritual tentar fazer qualquer coisa que esteja fora da nossa capacidade.

Podemos começar a nossa prática de compaixão com a nossa família e com o nosso círculo próximo de amigos, e estender isso para os amigos dos amigos, gradualmente ampliando essa prática a todos os que encontramos. Claro, devemos manter a nossa visão mais ampla, mas na prática em si, precisamos agir na base do indivíduo. Um único ato de generosidade, por exemplo, não irá erradicar a pobreza no mundo. Se temos cinco reais, não será possível oferecê-los ao mundo todo. Mas, se há um cara em nossa frente que realmente precisa desses cinco reais, podemos dá-los a ele. Ele pode comprar uma tigela de sopa e eliminar a fome e o sentimento de desespero de uma pessoa — por um tempo, pelo menos. Esse é um ato de generosidade e é assim que podemos praticar a generosidade de uma forma que é tanto pessoal quanto prática.

AÇÃO TRANSCENDENTAL

O Buddha era conhecido por dar ensinamentos que se harmonizavam com as atitudes, disposições e interesses das pessoas que se reuniam para ouvi-lo. Ele adaptava suas instruções para a capacidade da plateia. Podemos tomar esse estilo do Buddha ensinar como exemplo para nos orientar na prática da compaixão. Podemos nos concentrar nas coisas que se encaixam em nossos próprios interesses, capacidades e recursos.

Praticar compaixão é algo muito comum, em certo sentido. Estamos simplesmente cultivando as qualidades reconhecidas pela maioria das sociedades como sendo boas coisas, indícios de caráter moral. Porém o que estamos fazendo aqui é um pouco diferente, porque estamos unindo "boas obras" com a visão da dupla ausência de eu. Anteriormente, quando vimos as dez ações positivas, estávamos ainda tentando entender a nossa ausência de eu. Mas agora focamos o que estamos fazendo com a perspectiva do coração desperto. Digo "perspectiva" porque é algo pelo que ainda trabalhamos.

Ao praticar com essa perspectiva, começamos a mudar a nossa percepção comum de nós mesmos e dos outros. Começamos a nos sentir menos o centro do Universo. Vamos além do eu, abandonamos os nossos escudos de defesa. Quando estendemos a mão a alguém, estamos totalmente abertos. Podemos ser quem realmente somos sem nenhum subterfúgio. Isso significa que não olhamos para a outra pessoa como uma extensão de nossas confabulações ou como parte do nosso importantíssimo projeto de compaixão. Não temos rótulos para o outro e, assim, temos de lidar com ele exatamente da maneira como ele é.

É importante lembrarmos que aqui não estamos criando uma ausência de eu. Não estamos pegando um eu sólido e fazendo um truque alquímico para transmutá-lo em vacuidade. Eu e você estamos naturalmente desprovidos de um eu, neste exato momento, e, pelo desenvolvimento da visão de ausência de eu, aprendendo a agir de acordo com a nossa verdadeira natureza. Quando conseguimos fazer isso muito bem, reconhecemos que a ausência de eu é quem realmente somos. Não é um eu novo, um novo outro ou um mundo novo. É apenas um mundo aberto, livre de todas as fixações desnecessárias que frequentemente impomos a ele. É naturalmente um mundo de liberdade provido de infinitos recursos de bondade amorosa.

Quando aplicamos a visão do coração desperto à prática de qualquer ação compassiva, essa prática, essa ação torna-se pura. Isso significa que a ação passa a ser livre de um "eu" se apegando a ela e fazendo com que trate exclusivamente de nós mesmos. Em termos filosóficos mais tradicionais, eu diria que é livre de fixação. Porém, em primeiro lugar, temos que reconhecer os nossos apegos e as nossas fixações claramente. Ver claramente um apego significa reconhecer não apenas o próprio apego, mas sua qualidade efêmera. Não é uma qualidade contínua e sólida. São apenas momentos que se somam, se permitimos que se somem. Quando nos lembramos disso, podemos relaxar e liberar o nosso apego. É isso que torna possível dar de verdade, verdadeiramente ser bondoso, ser mesmo um bom amigo. A visão do coração desperto se encaixa em todas as práticas. É ela que torna uma ação comum algo transcendental, desinteressado, livre de eu.

O método que usamos para transformar as ações comuns em ações transcendentais — isto é, os meios que usamos para cultivar um coração desperto — se focam em seis atividades e estados mentais que as acompanham. Já encontramos algumas delas antes, mas agora estaremos trabalhando com todas as seis de um modo específico. Elas são **generosidade, disciplina, paciência, diligência, meditação** e **conhecimento superior**. Quando nos comprometemos a praticar essas atividades com a visão de um coração desperto, vamos além de apenas pensar sobre passar da zona de paz para a zona de guerra, e o fazemos efetivamente. É aqui que vemos o valor de nossas preparações e testamos as nossas habilidades sob o calor da raiva, da inveja, do desejo e do orgulho, todos muito reais. Ao incluir os outros em nossa prática, a situação se amplia, porque não estamos lidando apenas com a nossa neurose, mas também com as neuroses que nos chegam vindas dos outros.

Isso se torna um verdadeiro teste de nossa seriedade, de até onde estamos dispostos a ir. Devemos seguir em nossa motivação altruísta, quando estamos sendo atacados por alguém que pretendíamos ajudar? Quando nos sentimos vulneráveis e expostos aos julgamentos dos outros, devemos voltar a uma estratégia de atacar antes de sermos atacados? Não é essa única batalha encarada agora que decidirá tudo, mas sim os mais simples e cotidianos encontros de nossa vida diária, que um após o outro, testarão a nossa coragem e disposição de abrir o coração destemidamente. Há sempre a possibilidade de confiar que a nossa mente de buddha rebelde nos leve além dos nossos instintos e das nossas hesitações comuns. Às vezes, obteremos sucesso, outras vezes, fracassaremos, mas enquanto nos mantivermos retornando para a nossa intenção original, aí estará a essência da prática transcendental.

Generosidade transcendental

Comumente, quando damos algo a alguém, o evento todo produz uma grande sensação de autoconsciência. Estamos cientes de nós mesmos como alguém que dá, bem como do nosso ato de dar e da experiência da pessoa que recebe o presente. Há muitos conceitos e apegos no mero ato de dar um presente. Há um sentido de querer ser reconhecido como aquele que dá: "Isso era meu e, agora, estou dando para você." Entretanto, quando aplicamos a visão do coração desperto a esse processo, a generosidade se torna uma prática de abandonar os conceitos. Isso torna possível verdadeiramente oferecer, realizar um ato de generosidade autêntica, livre de autointeresse.

O ponto não é julgar as nossas ações ou as ações dos outros. Quando damos, apenas damos. Não temos que nos perguntar: "Estarei oferecendo adequadamente? Estarei sentindo o que se deve sentir? Estarei sendo uma boa pessoa?" Todos esses "estarei?" se tornam problemas. A chave da generosidade no seu sentido transcendental é dar sem reservas, sem nenhum tipo de preocupação ou autoconsciência. Enquanto estivermos em dúvida ou seguirmos apreensivos com relação a opiniões e reações dos outros, a generosidade não será pura. Será apenas a mente convencional de esperança e medo vestida de boazinha. Por um lado, se alguém a quem damos algo passa a julgar e se encher de todo tipo de pensamentos negativos sobre essa oferenda, isso não é nosso problema. Nosso problema é apenas o ato de dar e, na medida em que damos com um coração aberto e livre de autointeresse, o nosso ato de generosidade se completa de forma pura.

A generosidade transcendental é simplesmente uma disposição de abertura, de fazer o que for necessário naquele momento, sem nenhuma racionalização filosófica ou religiosa. Ao vermos alguém necessitado, estamos dispostos a partilhar de nossas riquezas, de nossa felicidade ou de nossa sabedoria e também a assumir o sofrimento dos outros. Ainda assim, quando damos algo, precisamos fazê-lo com a consciência de que o que estamos dando será tanto adequado quanto benéfico. Não seria um ato de generosidade, por exemplo, dar dinheiro para uma pessoa rica ou uma bebida alcóolica para uma criança. Também damos apenas o que podemos, não colocando em perigo o nosso próprio bem-estar e a nossa própria saúde. Ao mesmo tempo, é bom dar o que nos é precioso, o que é difícil de dar devido ao nosso apego.

Outro tipo de generosidade é a proteção quanto ao medo. Realizamos essa generosidade quando somos capazes de prover ajuda mental ou física a alguém que esteja ansioso ou assustado. Talvez sejamos capazes de aliviar o medo dessa pessoa ou manter uma presença calma, ser alguém com quem conversar. Ou até possamos oferecer um abrigo aquecido no inverno para alguém que esteja sofrendo os horrores do frio. Proteger uma pessoa ou animal de qualquer sofrimento, da forma que for possível, é a generosidade da proteção. Podemos também oferecer proteção frente ao medo da doença, fornecendo remédios, ou frente ao medo da morte, oferecendo companhia, cuidados e aconselhamento espiritual.

Atos de abertura desse tipo podem ocorrer em qualquer lugar — no meio de um show de rock, em um ônibus ou em um açougue. Quem sabe? Podemos aplicar essa visão do coração desperto a todas as nossas interações com outros, inclusive para com nós mesmos. Algumas vezes falamos sozinhos como se fôssemos duas pessoas: "Você é um idiota! Como pode ser tão burro?" E então esse "você" também se beneficia do mesmo tipo de bondade e abertura que oferecemos a qualquer outro. Nunca devemos esquecer-nos da generosidade para com nós mesmos, enquanto trabalhamos tão duro pelos outros.

Disciplina transcendental

Para praticar disciplina com a visão do coração desperto a chave é manter um sentido de presença mental e consciência das ações e dos efeitos delas sobre outros. É importante prestar especial atenção à raiva e a má-vontade e interrompê-las assim que se manifestarem. Quando percebemos a raiva imediatamente e a detemos com a nossa presença mental, é como um buddha rebelde interceptando um passe e impedindo o outro time — os pensamentos e intenções cheios de raiva — de marcarem um gol. Não permitimos que a nossa raiva chegue até a pessoa com quem estamos bravos ou que transborde na direção dos inocentes ao redor. No mínimo diminuímos seu *momentum*, o que nos dá um tempo para relaxar a nossa mente presa naquilo e retornar para o estado de abertura. Em vez da briga que iniciaríamos, injetamos algo diferente na situação — senso de humor ou uma gentileza, quem sabe. A mudança em nossa perspectiva traz alívio não só a nós mesmos, mas também para os outros. A prática de generosidade ajuda muito nessa prática, porque inspira o desejo de dar felicidade e proteger quanto ao sofrimento. Quando evitamos a raiva, estamos protegendo os outros não só de nossa raiva, mas também de se prenderem em sua própria. Dessa forma, podemos praticar generosidade e disciplina ao mesmo tempo.

Paciência transcendental

Geralmente, pensamos na paciência como tolerar o sofrimento. Estamos dispostos a aguentar certa quantidade de frustrações ou dores em nossa vida. Quando praticamos paciência com a perspectiva de um coração desperto, porém, isso vai além de uma atitude resignada, de apenas aturar o que for com base na determinação. Ter paciência pode também significar que não reagimos impulsivamente. Em vez disso, mantemos uma mente interessada no que está acontecendo e damos um tempo, para enxergar a situação com clareza. Se as pessoas estão nos culpando por seus problemas, damos um tempo, sentimos as suas frustrações, e vemos como elas sofrem com os seus próprios desencorajamentos e desapontamentos. Em vez de sentir ressentimento, podemos oferecer estímulo e compreensão. A diferença é que o nosso primeiro pensamento não é nos sentirmos ofendidos ou sermos tratados injustamente. É uma preocupação pela dor que toca a nós mesmos e aos outros igualmente e uma consideração sobre como aliviá-la. Quando a paciência é testada, precisamos lembrar a disciplina de presença mental para acalmar a nossa impaciência e nos ajudar a ver todos os elementos que estão em jogo na situação em que nos encontramos.

Outro aspecto da paciência é não nos desencorajarmos quando tentamos ajudar alguém e os nossos esforços não são reconhecidos. Emprestamos R$100 a nosso cunhado e ele reclama, querendo R$200. Damos instruções de meditação a um amigo e, na semana seguinte, ele reclama que ainda não se iluminou. Também precisamos de paciência em nossa prática de meditação, quando vivenciamos um desconforto físico ou psicológico. Pode ser que os nossos joelhos doam ou que desejemos assistir ao novo episódio de uma série de televisão, ou ainda que precisemos checar o nosso *e-mail* para ver se uma mensagem "urgente" chegou. Pode ser também algo mais significativo — o desconforto que sentimos quando estamos encarando as profundas realidades da ausência de eu. Quando corremos o risco de perder o nosso equilíbrio ou a nossa inspiração, a paciência nos ajuda a manter uma mente positiva, constante e aberta.

Diligência transcendental

Comumente, igualamos a noção de diligência com a noção de fazer muito esforço. Por um lado, há uma sensação de suor físico ou mental. Por outro, há um sentido de sermos um garoto ou garota bonzinhos e aplicados — trabalhamos duro com alguma finalidade e, portanto, não vamos abandoná-la. Mas a diligência em nosso caminho espiritual não significa meditar por horas, passar o aspirador no templo e servir refeições para os pobres, tudo no mesmo dia. Diligência transcendental significa aproveitar quaisquer oportunidades que porventura tenhamos para praticar, e realizar essas práticas com um sentido de apreciação e deleite. Nesse sentido, a diligência é energia, o poder que faz tudo acontecer. É como o vento, uma força que nos faz seguir no caminho. De onde vem essa energia? Vem da satisfação e apreciação que vivenciamos na medida em que seguimos no caminho.

O obstáculo principal para a diligência, obviamente, é a preguiça — a falta de energia. Um dos problemas com a preguiça é que ela nos toma tempo demais. Pense em quanto tempo nos toma ficarmos à toa. O problema com atividades, como ir à praia ou se divertir com os amigos, não é que elas sejam atividades negativas, mas o nosso apego a elas. Estou seguro de que mais pessoas vão a "praia", que é um estado mental do que todos que vão aos resorts no México. E há outras formas de manifestação da preguiça. Podemos nos apegar às más ideias ou aos maus amigos e acabar nos convencendo de que não temos o que é necessário para seguirmos por esse caminho. Podemos também ficar presos na postergação, permanecendo ocupados demais o tempo todo, nunca encontrando tempo para a prática. Portanto, no início, é preciso algum esforço cotidiano.

Porém, quando superamos um pouquinho os nossos hábitos, começamos a sentir uma brisa boa, cheia de deleite. Quando ela fica mais forte, inspiramo-nos tanto que não importa o que ocorra, nunca perderemos o entusiasmo e o regozijo pelo nosso caminho. Então, o que quer que façamos se tornará tão fácil como velejar em um mar aberto. O trabalho de manter-se longe da margem e captar o vento com a vela já foi realizado. Tudo o que precisamos fazer é manter a mão sobre a cana do leme.

Meditação transcendental

A prática da meditação aqui não é muito diferente de nossas práticas já descritas de tranquilo permanecer e visão clara, que paulatinamente aumentam o poder de concentração e afiam o nosso intelecto. Como já discutimos esses métodos com certo grau de detalhamento, não é necessário descrevê-los novamente. Ainda assim, quando levamos a perspectiva do coração desperto à prática de meditação, o poder dessas práticas se intensifica.

Quando olhamos para a nossa mente durante essa prática, não é como só ir com um amigo a um café, beber chá de camomila e contar histórias um para o outro. Isso já foi feito. Já fizemos amizade com a mente, agora estamos prontos a ultrapassar o nível dos pensamentos e emoções, a chegar à natureza verdadeira da mente.

Quando atingimos esse ponto, podemos pedir ao amigo espiritual instruções especiais de meditação sobre como olhar diretamente para a mente. É como ir até o barista no café e dizer que estamos prontos para algo mais forte, um *machiato* ou *mocca* de tamanho grande, algo para realmente nos acordar. Da mesma forma que o impulso que recebemos de um expresso, as instruções que obtemos do nosso amigo espiritual energizam e despertam a nossa prática de meditação. Começamos a ver o que nunca havíamos enxergado — a consciência transparente e radiante que é a verdadeira natureza da mente. Reconhecer a própria consciência neste nível de meditação é como acordar de um sonho. Anteriormente, havíamos nos enganado com as aparências de sonho criadas pelos pensamentos usuais. Enquanto elas começam a se dissolver, reconhecemos "Ah, era só um sonho. Agora acordei."

A prática de meditação, nesse sentido, é uma forma de penetrar o espaço de abertura e de alegria que começamos a descobrir. É como despertar para a clareza e para a consciência panorâmica da experiência de vacuidade. Em um dado momento, atingimos um ponto onde podemos simplesmente, em um estalar de dedos, entrar em um estado desperto, em qualquer lugar e em qualquer momento. Não precisamos estar sentados em uma almofada e com uma boa postura. Podemos estar trabalhando ao computador, buscando as crianças na escola ou sentados ao lado do leito de um amigo doente. Nesse momento tudo que precisamos levar, além da presença mental, a qualquer situação é o pensamento da compaixão.

Conhecimento transcendental

O conhecimento transcendental não é tanto uma prática quanto um resultado de todas as nossas práticas anteriores. O que vislumbramos nesse ponto é a realidade da dupla ausência de eu, a vacuidade. É algo que conhecemos diretamente, de uma forma pessoal. No início, há lampejos de vacuidade. Depois, experiências vêm e vão, e finalmente atingimos a experiência completa. Compreendemos o que se quer dizer com estar no agora, estar aberto e tudo mais. É o momento em que qualquer desconforto ou medo que porventura tenhamos sobre a ausência de eu ou vacuidade se dissipou. É uma experiência de leveza e liberdade, alegria e amor sem limites. É absoluta — está ali de forma absoluta, é absolutamente clara, absolutamente completa. Essa experiência de vacuidade mais panorâmica é chamada de "vacuidade com um coração de compaixão". As cinco práticas transcendentais anteriores nos preparam para reconhecer a vacuidade. Por meio delas aprendemos a abandonar a fixação e desenvolver um forte coração de compaixão. Mas é a prática de meditação que é mais influente. É a principal causa da visão superior que leva a esse discernimento. É o espaço no qual a compreensão ocorre sem pensamentos ou palavras.

Quando atingimos o nível da realização, não há espaço para o ego ou para visões e ações autocentradas. Somos totalmente desinteressados e, ao mesmo tempo, todo o nosso ser é compaixão. Podemos olhar para ele por um ou por outro lado, pelo lado da compaixão ou pelo lado da vacuidade: não faz muita diferença. A água é fluida ou molhada? O fogo é brilhante ou quente? Como uma pessoa que prova o açúcar pela primeira vez e não é mais a mesma, estamos preenchidos pelo conhecimento, inexprimível através de palavras ou símbolos. Quando atingimos esse estado, essa é a experiência definitiva e é hora de despertar.

JÁ CHEGAMOS LÁ?

É uma boa hora para perguntar: "O que ocorre com a nossa jornada espiritual quando vamos bem, quando estamos mais ou menos felizes e satisfeitos com a nossa vida?" Erguemo-nos das profundidades do nosso sofrimento. Nossas mentes estão bem treinadas e estáveis. Estamos livres do calor desagradável das nossas emoções. Já praticamos todas as virtudes e os nossos corações estão abertos. Sentimos tudo à frente de forma livre. Temos confiança de que, se seguirmos adiante, chegaremos ao destino. Ainda assim, não há mais pressa, porque agora estamos apreciando bastante a viagem.

Há um velho provérbio inglês: "Há muitos tropeços entre a taça e o lábio." Isso significa que mesmo que estejamos segurando a taça na mão, algo pode acontecer antes de bebermos o vinho. Pensamos: "Vou me deleitar com esse vinho delicioso." Mas nos distraímos, trocamos as pernas e tudo vem abaixo. Mesmo que estejamos muito perto, ainda não estamos lá.

Da mesma forma como acontece com os heróis das histórias e com o próprio Buddha, as maiores provações muitas vezes chegam perto do fim da jornada. O que elas testam? Se somos genuínos. Somos mesmo quem pensamos que somos? Caso não sejamos, os enganos e o apego podem retornar, de uma forma ou de outra. Quando isso acontece, perdemos a nossa visão da vacuidade e criamos mais conceitos. E aí acabamos com uma nova versão do eu, uma versão mais refinada e mais difícil de reconhecer. Podemos nos enganar, porque possuímos um conceito bem definido de vacuidade e um hábito de rotular tudo como "não possuidor de um eu". Contudo, até mesmo uma compreensão intelectual ou um conceito correto não é o mesmo que a realização. De fato, as próprias realizações que temos podem se tornar a base para um ego espiritual que se manifesta como o orgulho e apego de um "eu bonzinho".

Em nossos dias bons, podemos ter excelentes experiências de vacuidade. Sentimo-nos alegres, nutrindo um sentimento de finalidade e sentido. Nos dias ruins, a vacuidade é uma droga. Temos todos os tipos de dúvidas e pensamos: "Isso é bobagem. Sobre o que meu professor está falando? Vacuidade? O que é esse vazio todo? É tão real que dói." Esses tipos de flutuação em nossa experiência são o que chamamos de experiências instáveis. De certo modo, elas não são confiáveis. Se as usamos corretamente, porém, elas podem contribuir para a nossa compreensão e apontar a direção correta. Uma experiência positiva ou uma grande conquista podem nos dar muita inspiração e serem importantes para o nosso desenvolvimento, mas há muitas histórias sobre grandes meditadores que se enganaram com sinais prematuros de iluminação, que confundiram como sendo a coisa de fato.

Uma dessas histórias conta que havia um meditador muito bom no Tibete. Ele estava praticando meditação sobre a vacuidade, em uma caverna. Em um dado momento, ele pousou a mão sobre o chão pedregoso da gruta e, ao final de sua sessão, percebeu que a sua mão havia causado uma depressão na pedra. Esse é um sinal famoso de realização no Tibete e ele ficou muito impressionado com a própria realização. Pensou: "Ah, agora obtive a realização da vacuidade. Se eu conseguir fazer isso na frente de meus alunos será muito bom. Eles ficarão muito surpresos!" Então, logo que reuniu os alunos novamente, meditaram juntos por algum tempo na caverna. Ao fim da sessão, com a intenção de deixar essa marca, ele bateu bem forte com a mão na pedra e, quando ele a ergueu, não havia nada, só a palma vermelha de sua mão.

É possível ter experiências que são semelhantes aos sinais de realização, mas que são temporárias. São legais de se ter, mas se ficamos apegados a elas e as vemos como a coisa em si, acabamos nos enganando, como tantos meditadores do passado se enganaram. Assim, em primeiro lugar, desenvolvemos a experiência da vacuidade. Então, sem apego a ela, gradativamente a estabilizamos e a levamos à fruição completa. Apego a experiências nos impede de progredir. É nossa responsabilidade se queremos ficar presos em uma experienciazinha, que faz nos sentirmos maravilhosos ou se vamos seguir na direção do estado desperto pleno. Na medida em que estamos falando do caminho, há sempre necessidade de ir além das fagulhas que surgem antes de uma experiência começar a flamejar. É como tentar começar um fogo sem fósforos e ter que usar algo diferente, pedras, por exemplo. No início, quando batemos as pedras uma na outra, obtemos muitas faíscas. Se nos fascinamos pelas faíscas, podemos continuar batendo as pedras, impressionados: "Olha só isso!" As fagulhas são belas, é claro, mas nunca conseguiremos ferver a água para o chá, se permanecermos presos a essa impressão de "uau!" Da mesma forma, se nos fascinamos por lampejos de discernimento e relâmpagos de vacuidade, a realização nunca acenderá como uma fogueira. Não há por que aprofundar as experiências e nunca obteremos o fogo.

Até mesmo o conhecimento que temos pode se tornar causa de apego, quando temos orgulho dele: "Veja só tudo que sei — sei muito mais do que uma pessoa comum." Ficamos um pouco inflados e cheios de autoimportância. É difícil abandonar isso, porque é uma boa sensação e não está machucando ninguém, não é mesmo? Todos temos momentos de orgulho ordinário no caminho e, realmente, devemos ter orgulho de nossas realizações. Na medida em que estamos dispostos a abandonar o orgulho, podemos usar as nossas realizações como inspirações para seguirmos em frente, mas se não o abandonamos, o ego começa a construir a sua casinha espiritual novamente, faz um segundo andar, uma sala de jogos e uma piscina, criando um paraisozinho que não vamos querer largar.

Uma forma de evitar nos prendermos é não ficar falando sobre as nossas experiências — não ficar falando com nós mesmos ou com outras pessoas sobre elas. Ajuda discuti-las com o nosso amigo espiritual ou talvez compartilhá-las uma ou duas vezes, não mais do que isso, com alguns colegas próximos de meditação. A forma mais comum de ficarmos empacados é, repetidamente, retornar a elas em nossos processos de pensamento. Assim, são necessários certos esforços, se quisermos progredir e se estivermos prontos para não só praticar boas ações, mas para também fazer surgir, com um coração de compaixão, isso que chamamos de vacuidade.

Apego à virtude é outro agente poderoso de apego. Quando a mente está profundamente enraizada em um conceito de virtude, abandonar a nossa identidade de "boa pessoa" pode ser problemático. Até agora, a nossa jornada nos levou ao ponto de sermos bons — de fato, excepcionalmente bons. Nesse mundo de confusão e conflito, tornamo-nos pensadores positivos profissionais, solucionadores de problemas sem qualquer ânsia por recompensa ou reconhecimento. O perigo é que podemos ficar tão apegados à nossa prática de virtude que ela se torna quem pensamos que somos. Quando a nossa compaixão se desvia de sua conexão com a vacuidade, acabamos com outra identidade sólida e dualista, e a nossa virtude se torna bondade convencional. Esse tipo de virtude pode ainda produzir algum bem no mundo, mas tem seus limites. A finalidade desse caminho é compaixão ilimitada, uma moralidade que vê além dos rótulos.

Outra armadilha é nos tornarmos complacentes. Ficamos muito aconchegados em nossa neurose. Estamos tão acostumados a ela que os problemas que ela traz nem parecem tão ruins. Acabamos com preguiça de sair do nosso conforto para lidar com o nosso apego básico e com os nossos valores dualistas. A ideia de uma jornada até a liberação soa bem. É uma ideia muito romântica. Podemos ler sobre as vidas de figuras históricas como o grande iogue indiano Tilopa e seu aluno

Naropa e dizer: "Uau, isso é muito belo. Eu queria ter um professor assim." É fácil dizer isso, quando estamos em nossa bela cama de *futon*, cercados de almofadas confortáveis, com uma luminária que podemos ajustar, de forma que a luz caia perfeitamente sobre a página e, quando temos na mesa ao lado, uma cerveja gelada. Muitas vezes, as pessoas me relatam como acham inspiradoras essas histórias tradicionais. Estranhamente, muitas delas descrevem alunos que passam por dificuldades físicas quase insuportáveis e que sofrem o que hoje chamaríamos de tortura psicológica nas mãos de seus professores. Ainda assim, gostaríamos de seguir uma figura iluminada desse tipo, que imaginamos nos despertaria com um mero estalar de dedos. O que na verdade estamos dizendo é que gostaríamos de despertar só de ler algo assim. Não queremos passar por esse trabalho todo ou por essas pressões psicológicas ao estilo das que Naropa passou em nome de sua liberação.

Em certo momento, precisamos realmente dar um salto e abandonar o nosso cantinho confortável, parar de imaginar essa rota para a liberdade: precisamos efetivamente passar a trilhá-la. É um processo de crescimento. Quando éramos crianças, era natural ter uma imaginação fértil. Crianças passam muito tempo imaginando aventuras até que possam começar a vivê-las, fantasiam construir robôs ou voar até Marte. Mas, de forma que o nosso caminho espiritual funcione de fato, precisamos parar de nos apegar a uma fantasia de caminho espiritual e encarar sua realidade.

O Buddha ensinou que nos deparamos com apego ao eu no início, no meio e no final do nosso caminho. Havendo transformado todo o resto, a última coisa que permanece antes de darmos o clique final no estado da liberdade total é um sutil grau de apego. Enquanto estivermos nos mantendo aqui, não poderemos estar ali, no real estado da ausência de eu. Falando por minha própria experiência, nesse momento, parece ser necessário algum tipo de empurrão.

Aumentando a temperatura

O foco básico de nossa jornada, neste ponto, é transcender os últimos traços do nosso apego ao eu. Esse apego pode ser tão sutil que quase não conseguimos discerni-lo. Ainda assim seu efeito é muito poderoso. Ainda estamos atados a nossa identidade e não conseguimos descobrir como superar essa neurose final. É como a fina linha que demarca a fronteira entre dois países. Se estamos de um lado, somos cidadãos leais do nosso país, e da nossa cultura e dos nossos conceitos. O outro lado é uma terra estrangeira, um país sem cultura e sem conceitos. A partir dos relatos, é um local misterioso, cujos segredos são revelados apenas àqueles que de fato entram nele. Devemos ir ou permanecer? Está tão próximo que poderíamos dar um passo e chegar lá, mas ainda não podemos fazê-lo. O que está nos detendo?

Com todo questionamento que fizemos e com todo o conhecimento que obtivemos descobrimos que ainda temos uma questão final, uma dúvida final. Simplesmente, não sabemos e não podemos saber o que realmente significa abandonar o apego a esse "eu", isso até que o façamos. Queremos dar esse salto no escuro, mas queremos antes disso testar o paraquedas ou a corda de *bungee jump*. Ou queremos que alguém segure em nossa mão e salte conosco. Como no conto de fadas infantil de Joãozinho e Maria, queremos deixar uma trilha de migalhas de forma que possamos descobrir como voltar para o nosso tão familiar sentido de eu, caso não gostemos do que há do outro lado, no mundo aberto e despido desse eu.

Quando começamos nessa estrada de descoberta, é como voltar ao estado original da mente. No princípio, pensamos que estamos indo a algum lugar, que a liberdade está lá na frente, mas, na verdade, a nossa viagem é só um processo que nos leva de volta ao ponto inicial — onde estivemos antes de sair de casa para vagar na floresta de nossas conceitualizações. Mesmo que tenhamos saído de casa há tanto tempo que nem lembramos mais com o que esse lar se parece, é lá que está o nosso coração e é por esse lugar que ele anseia.

O que precisamos neste momento é de alguém que aumente a nossa temperatura psicológica, até que as nossas fixações mentais se dissolvam o suficiente para que possamos dar esse salto. A melhor pessoa para fazer isso é o nosso amigo espiritual, que já conhecemos e em quem já confiamos. É o nosso bom amigo que pode nos ajudar a saltar do nosso cantinho confortável, e que pode nos ajudar a abandonar o apego sutil e o orgulho que temos em nossa identidade — qualquer que seja a nossa identidade, nesse ponto. Entre nós e a nossa liberdade jaz apenas um fino véu de ignorância, ainda que tenha o poder de uma parede de tijolos, no sentido de nos aprisionar no estado da dualidade. Além dessa parede, está o espaço aberto, livre de todos os pontos de referência de puro/impuro, confuso/desperto ou legal/cretino. Se quisermos esse tipo de ajuda para ir para o outro lado, é nossa responsabilidade falar com o nosso amigo e pedir por isso.

O AMIGO ESPIRITUAL COMO AGENTE SECRETO

Na tradição do budismo tibetano, uma vez que um aluno tenha uma boa fundamentação em sua prática, é possível buscar um relacionamento aluno-professor que vai além da mera amizade. Nesse relacionamento o professor se torna um agente mais extraordinário no processo de despertar do aluno. Ainda assim, um relacionamento desse tipo só deve ser iniciado pelo aluno. Precisamos ir até o nosso amigo espiritual e pedir a ele ou ela que use de uma mão mais forte em nosso processo de despertar. Em essência, estamos dizendo: "Sei que tenho tudo que preciso para atingir o objetivo sozinho, mas estou pedindo a sua ajuda para chegar lá mais rápido. Se eu não pular por mim mesmo, você tem permissão de tirar o chão de sob meus pés."

Se o nosso amigo espiritual concordar, o relacionamento muda. No novo relacionamento, o professor está no assento do motorista, usando seu próprio mapa, que pode não ser parecido com o nosso. Agora o professor não é apenas o nosso apoio emocional, o nosso conselheiro amigável e instrutor. Algo novo é introduzido. Ele ou ela pode em um momento parecer um colega e no momento seguinte um chefe. Nosso professor pode nos elogiar hoje e nos ignorar ou nos repreender amanhã. Além disso, agora, quando o nosso professor nos dá instruções sobre a prática espiritual, não mais a ouvimos como mera sugestão, mas ouvimos como uma clara direção a ser seguida. Não dizemos "não, tenho uma ideia melhor". Confiamos que o nosso professor cuide do que é melhor para nós em um sentido espiritual. Não perguntamos a ele ou a ela o que fazer a respeito do nosso imposto de renda, como votar na próxima eleição ou como consertar o carro. Temos que cuidar da nossa própria vida.

Ao mesmo tempo em que trabalhamos com essas instruções, podemos começar a ver qualidades que nunca havíamos reparado em nosso professor. Nosso amigo espiritual pode repentinamente parecer imprevisível, irracional ou até mesmo mal-humorado, o que pode ser um pouco assustador. Nem sempre sabemos o nosso lugar no contexto desse novo relacionamento. Ainda assim começamos a perceber uma mudança tomando lugar em nossa psique. Repentinamente, parece haver mais energia disponível — um sentido elevado de paixão e alegria, raiva e clareza, e assim por diante. Os sinalizadores emocionais começam a iluminar a nossa visão, deixando de obscurecê-la como antes. Esse território é um tanto novo. Descobrimos que fomos seduzidos para fora de nossa existência puramente conceitual, indo em direção a uma realidade mais livre e mais crua.

Adentrar esse tipo de relacionamento não deve ser tomado frivolamente. Um curso de ação desse tipo não é adequado para todos os professores ou para todos os alunos. Nosso objetivo de completo despertar pode, sem dúvida, ser realizado apenas com os métodos já detalhados. Nosso destino — a liberdade — não é diferente, não importa se mantemos o relacionamento original com o nosso amigo espiritual ou adentramos nesse novo relacionamento. É simplesmente uma opção que funciona bem para algumas pessoas e não tão bem para outras. A vantagem é que a nossa jornada pode ser muito mais rápida e que o nosso amigo espiritual pode nos apresentar a mais métodos, para nos levar ao reconhecimento da natureza da mente. A desvantagem é que a jornada é mais intensa e psicologicamente desafiadora. O que quer a que estejamos nos fixando será revelado vividamente por nosso amigo, por métodos diretos ou indiretos. Não é necessário dizer que é preciso um forte sentimento de respeito e confiança entre professor e aluno, mas também precisa haver química — uma sensação de calor e interesse de entrosamento e brilho.

EM QUEM CONFIAR?
SE ENTREGANDO AO PODER SUPERIOR DA MENTE

Em nossas culturas democráticas ocidentais, um relacionamento como esse provavelmente será questionado e com boas razões. Não queremos nos tornar membros de uma seita com um líder carismático ou abandonar o nosso próprio bom-senso e a nossa capacidade de julgamento. Desse modo, precisamos examinar a situação cuidadosamente.

Embora vivamos com a ilusão de que somos livres-pensadores e tomamos as nossas próprias decisões, abandonamos o nosso pensamento independente com bastante frequência. De fato, há tantas "autoridades" em nossa vida que é difícil descrever todas. Todo mundo está nos dizendo o que pensar e o que fazer: abortar é certo ou não? Devemos votar pelo casamento gay? Queremos mais armas ou nenhuma arma? Fumar deveria ser proibido? Assassinos devem ser executados ou aprisionados por toda a vida? Em quem confiar, quando se trata dessas questões maiores? Em nossa celebridade favorita, em nosso partido político, no presidente, no papa?

Além disso, o nosso pensamento sobre coisas como poder e autoridade nem sempre é consistente. Enquanto, por um lado, ficamos ouriçados contra um governo autoritário, por outro lado, passamos grande parte de nossas vidas seguindo tendências de consumo criadas por agentes de poder que não fazem nada mais do que esvaziar os nossos bolsos. Nosso relacionamento com o professor espiritual deve significar algo para nós, pois a razão pela qual esse professor existe é para nos ajudar a reaver a nossa verdadeira independência. É um relacionamento baseado em conhecimento e confiança, o que faz dele o mais poderoso tipo de relacionamento que podemos ter. É por isso que as empresas estão sempre dizendo coisas como "em nós você pode confiar".

A coisa talvez mais próxima de um relacionamento professor-aluno que temos na cultura ocidental é encontrada no programa de Doze Passos dos Alcoólicos Anônimos (A.A.). O A.A. e programas similares ajudam de forma importante na recuperação de dependentes, e um elemento essencial da recuperação envolve um processo de despertar espiritual, ou de entrega, no qual as pessoas reconhecem que devem parar de tentar resolver seus problemas sozinhas. Elas descobrem que é possível entregar suas dificuldades espirituais a um poder superior, seja qual for a forma que ele tome em suas concepções. Muitas pessoas relatam que o momento em que tomaram essa decisão foi o em que tiveram a primeira sensação de cura, o começo de sua jornada de volta à saúde física, emocional e espiritual.

Da perspectiva budista, o apego ao eu é um vício perante o qual, sozinhos, geralmente somos impotentes, não importa quanto sofrimento ele traga para nós mesmos e para os outros. Da mesma forma que buscaríamos ajuda para a recuperação de uma dependência química em um grupo como o A.A., buscamos apoio para nos recuperarmos do apego ao eu, nos ensinamentos do Buddha e, mais especificamente, em nosso professor. O poder maior a que nos entregamos é a natureza desperta da própria mente, que é intrinsecamente saudável e compassiva. Dessa forma, confiamos no poder curativo da mente, sendo o professor quem nos guia para fazer essa conexão, durante o período em que não conseguimos ser guias confiáveis para nós mesmos. O despertar espiritual é a chave para a recuperação completa, exatamente como nos Doze Passos, como neste trecho:[3]

> O despertar espiritual é muitas vezes descrito como apenas isso, um despertar. Ele representa o chegar a uma consciência de nós mesmos como realmente somos, uma consciência de um poder maior do que nós mesmos, que pode estar fora de nós mesmos, profundamente dentro de nós mesmos ou ambas as coisas. Onde havia escuridão, agora há luz. Podemos ver as coisas de forma mais realista. De fato podemos ver as coisas como não as víamos antes. A maioria das pessoas vivencia abertura. Além disso, a maioria de nós, especialmente as mulheres, relata um aumento de poder, nos encontrar em nossa verdadeira natureza, depois da entrega. Há um sentido de nos ancorarmos em um poder que não conhecíamos antes.

Quando começamos a abandonar o apego ao eu, o poder curativo dessa "mente superior" pode surgir. No caminho budista, não estamos nos entregando a nosso professor, mas estamos abandonando o nosso eu confuso e seguindo em direção ao que realmente somos. É um processo de despertar para a nossa verdadeira natureza. É o nosso professor quem modela o estado desperto para nós, quem conhece e pode subverter todas as velhas armadilhas de um viciado no ego. Portanto, quando entramos nesse relacionamento, dizemos "confio em você para que cuide de mim durante esse processo e estou disposto a aceitar sua honestidade absoluta e seu amor de mão firme até que eu me recupere de minha dependência."

Essencialmente, o nosso amigo espiritual tem a nossa permissão de aumentar a pressão, apertar os nossos botões, colocar combustível em nosso fogo de sabedoria para que ele brilhe de forma mais intensa e queime o nosso apego ao eu. Confiamos que o nosso professor faça isso, e que também se assegure de que o fogo não saia de controle e se torne destrutivo.

LINHAGEM

Embora cada tradição seja diferente, há critérios que deixam claras as qualificações que tanto o professor quanto o aluno precisam ter para se engajar nesse relacionamento. Estas exigências existem para que o relacionamento seja benéfico para ambos os lados. Por exemplo, o professor precisa ter uma linhagem genuína desde o Buddha, ser extremamente conhecedor e possuir tanto grande realização quanto grande compaixão. O aluno precisa ser espiritualmente maduro e comprometido com esse caminho. Quando essas condições existem, um professor espiritualmente realizado e um aluno espiritualmente maduro podem construir um relacionamento que rapidamente transformará a neurose em seu estado original de sabedoria.

O que é linhagem? Em certo sentido se refere à sucessão de pessoas que, desde o tempo do Buddha, receberam, realizaram e então passaram adiante a sabedoria que conduz ao estado desperto. Em outro sentido, linhagem é a própria sabedoria, o conteúdo do que é passado de professor para aluno, geração após geração. Poderíamos dizer que também é o processo de transmissão, a comunicação contínua da sabedoria vinda das pessoas realizadas para seus filhos espirituais e o desenvolvimento da sabedoria neles até que sejam maduros, independentes e fortes o suficiente para passá-la adiante para outros. Nesse sentido, as figuras históricas na tradição budista são nossos ancestrais, os pais e mães de nossa realização. Porque passaram adiante os métodos para o despertar, hoje somos capazes de nos conectar com eles. Então, podemos pensar na linhagem como a nossa árvore genealógica.

O bom pastor e o fora da lei

Quando estamos prestes a despertar, a nossa jornada se torna muito simples. Não interessa quem sejamos aos olhos do mundo, estamos apenas tentando deixar esta vida neurótica para trás, e nos tornar pessoas mais sãs e compassivas. Estamos tentando ser virtuosos, bons pastores, como o personagem de Samuel Jackson no fim do filme *Pulp fiction*. Em uma das cenas finais, ele está sentado em um restaurante segurando uma arma com o dedo no gatilho, tentando não atirar nos loucos que estão à sua frente. Ele espera poder apenas ir embora e não matar ninguém. Ele é um bandido, um fora da lei, rezando que uma boa vontade ou graça venham do céu e o torne um bom homem, que o coloque ao lado dos anjos.

Esse momento, em que a vida e a morte ou céu e o inferno parecem ser pesados na balança, é o tipo de experiência intensificada que oferece a possibilidade de um resultado diferente: em um instante, temos liberdade perante todos os conceitos. Porém, isso não tem nada a ver com armas. Tem a ver com as nossas emoções, que, em seu estado exaltado, podem ter o poder e a força de uma arma carregada. Para deixar claro, não estou dizendo que não há problema em se ficar brincando por aí com armas ou emoções — é assim que as pessoas se machucam. Estou dizendo que as emoções são muito mais poderosas como causa da experiência do despertar do que pensamos. Se conseguirmos ficar totalmente presentes no espaço de qualquer emoção em seu estado nu e cru, sem conceitualizar, temos uma chance de, naquele momento, transcender a nossa mente dualista. Se, porém, caímos em nossa circunstância mental convencional que nos diz que somos santos ou pecadores — bons pastores ou foras da lei — ainda estamos vivendo em um mundo conceitual, dividido, onde um lado está sempre em oposição ao outro. Ainda estamos grudando rótulos na realidade desnuda.

Neste momento de nossa jornada, a nossa perspectiva se altera. Começamos a ver que a própria experiência de nossas emoções é a experiência do despertar. Não consideramos mais as nossas emoções apenas como "energia ruim" e nem as vemos apenas como alguma forma de potencial. Por exemplo, geralmente pensamos na raiva como algo negativo. Comumente, o nosso impulso seria cortá-la e livrar-se dela ou transformar a sua energia intensa em boas qualidades, tais como clareza e paciência. Porém, o nosso projeto de reciclar emoções aflitivas em estados mentais positivos torna-se redundante, uma vez que percebemos que as nossas emoções cruas e sua essência pura não são, em um sentido último, diferentes. Não há necessidade de descascar as camadas externas de nossas emoções para encontrar uma essência interna chamada de "estado desperto" ou "sabedoria iluminada".

A sabedoria não é um tesouro escondido dentro das emoções. A abertura ou o estado desperto já estão presentes naquele primeiro relance de raiva, paixão ou inveja. No fim, a distinção entre a mente e a natureza verdadeira da mente, ou entre as emoções e suas verdadeiras naturezas, só é válida quando vista através das lentes do pensamento. Da perspectiva delas mesmas nenhuma distinção desse tipo pode ser feita. Assim, a experiência direta de nossas emoções não alteradas, cruas, pode gerar uma experiência direta de despertar. Essas emoções são agentes poderosos para produzir a liberdade, se conseguimos lidar com elas adequadamente.

É bem verdade que isso não é tão fácil quanto parece, e esse é o motivo pelo qual dependemos das orientações do nosso amigo espiritual, que nos diz para confiarmos ainda mais em nossas emoções. Não só elas são trabalháveis, como elas são o caminho e também o ápice do caminho. O estado desperto delas é o estado desperto que buscamos. Desse ponto de vista, conectar-se com a experiência do estado desperto primordial, original só é possível quando conseguimos nos relacionar e trabalhar com as emoções em seu estado cru. Enquanto, muitas vezes, pensamos em nossa mente bagunçada, poluída, como algo de que se envergonhar, nosso amigo nos diz para não procurarmos em outro canto, como base para a nossa jornada espiritual, uma mente mais apresentável ou respeitável.

Esse é o ponto e a beleza desse enfoque, bem como o que o torna tão difícil de aceitá-lo. Quando a nossa mente está profundamente enraizada nas noções de virtude e pecado, bom e mau, e acima de tudo, na visão do teísmo, esse tipo de caminho não nos é possível. Temos que encontrar outra estrada, mais gradual, para a liberdade. Porém os ensinamentos do Buddha têm muitos métodos para atingir a realização, assim podemos escolher o que melhor se adapta ao nosso temperamento.

O TOLO CORAJOSO

Para entrar nesse tipo de jornada, precisamos da cooperação total de nossa mente de buddha rebelde. Certo grau de maluquice e extravagância é necessário — e onde quer que hesitemos ou nos envergonhemos, o buddha rebelde está pronto para ser corajoso e ousado. Há um tipo de heroísmo em se dispor a colocar um pezinho fora do pensamento convencional e desafiar suas regras fundamentais. Quando damos esse passo, pode ser um pouco difícil dizer se estamos sendo corajosos ou apenas tolos. Temos que ter destemor, mas essa coragem precisa ir de mãos dadas com uma inteligência aguda e uma mente aberta e questionadora, de forma que esse tipo de empreendimento faça sentido.

De certa forma, é como as histórias que vemos nos filmes. O herói tem sido um bom menino (ou menina) e tem levado uma vida normal. Certo dia, alguém aparece repentinamente, mata os seus pais e lhe dá uma surra. Ele não sabe por que, mas desse ponto em diante ele tem que enfrentar desafios extraordinários. A sua família morreu, o seu dinheiro se foi, a sua reputação está arruinada e agora a sua vida corre risco. Então, a CIA ou a Máfia o recruta para fazer um trabalho quase impossível, que vai resolver tudo, deixá-lo rico e talvez produzir alguma paz de espírito em meio a tudo isso. Claro, ele pode morrer, mas esse é um risco que ele precisa assumir: ele não pode perder essa oportunidade. Já viu esse filme? No fim, nosso cara normal terá se deparado com tantos perigos e complicações que terá perdido toda a esperança, todo o medo e toda a vergonha. E, por causa disso, ele também terá se libertado. Quando não temos esperança, não temos nada a temer, nada do que se envergonhar e nada a perder. Então, nosso herói está na posição perfeita para ver e agir de formas que outros não podem. Ele pode fazer o que tiver que fazer. Se a sua tarefa é se tornar um ladrão, torna-se o melhor ladrão. Se é tornar-se um assassino, ele será o melhor matador de aluguel. E assim a história segue, até que ele supera todos os obstáculos, vence todos os oponentes e termina por cima. Esse é o estilo da nossa jornada aqui. Navegamos muitos níveis de obstáculos e terminamos com os dois pés plantados no chão.

ENCONTRANDO A NEUROSE FACE A FACE

Seguimos agora por um processo que é constituído totalmente pelo aprendizado de métodos particulares de trabalhar diretamente a neurose. Quando falamos sobre neurose, estamos falando da confusão sobre quem somos e sobre o que é o mundo. Quando olhamos para quem somos, vemos uma foto fora de foco. Não importa o quão nebulosa esteja, nós nos apegamos a ela: "Olha só, uma foto minha." Aceitamos a foto como ela é porque nos parece bem normal. As outras pessoas na foto e as árvores no fundo parecem estar mais ou menos do mesmo jeito. Mas não somos bons juízes disso, porque ainda não vimos uma foto perfeitamente clara de nós mesmos.

Em um âmbito comum, se vemos uma foto nossa que está distorcida ou desfocada, sabemos que a nossa aparência não é bem assim. Compreendemos que a câmera teve um problema ou que o fotógrafo cometeu um erro. Nosso eu confuso ou neurótico é como essa foto desfocada. Não é uma foto boa ou verdadeira de quem somos. O que estamos tentando fazer agora é obter uma foto nítida de nós mesmos e do mundo, uma foto que não esteja distorcida. O segundo passo é limpar a imagem original ou tirar uma foto nova.

O que há de errado com a nossa foto — o retrato ou imagem de nós mesmos que temos agora? Nosso problema é que não vemos a verdadeira natureza do nosso corpo, da nossa fala e da nossa mente. Enquadrando pelas lentes da mente confusa, vemos o nosso corpo como algo que possuímos e que precisamos sustentar e proteger, como uma casa com um aviso na frente dizendo "propriedade privada". Vemos a nossa fala em termos dos rótulos e conceitos que usamos para criar e nos fixar neste mundo de dualidade. Nossa neurose primária, porém, é a nossa fixação na mente ou nas características mentais — as coleções de traços individuais que identificamos como "eu". E o que constitui o mais profundo aspecto do caráter da nossa mente é o nosso sistema de valores e princípios. Quem somos nesse sentido relativo é, sem dúvida, moldado pela nossa cultura e pelo condicionamento ambiental, mas também pela nossa participação em tudo isso. Não podemos apenas culpar a cultura por sermos quem somos: nós próprios temos parte nisso. E, ao final, somos nós mesmos que reificamos todas essas características em uma identidade sólida. Somos você e eu que adotamos o que a cultura nos apresentou, assumindo como nosso e fazemos disso tudo o que somos.

Precisamos olhar com cuidado essa área, porque os nossos valores são parte da nossa identidade cultural, do nosso sentido básico de um eu. É aí que encontraremos uma mente julgadora e também certo medo. Por quê? Porque os nossos valores podem funcionar de formas negativas e positivas. Podem promover harmonia, compreensão e boa convivência ou podem promover o oposto — conflito e agressão. Quando os valores de duas famílias não estão de acordo, alguém pode se machucar. Precisamos descobrir todos os lugares onde a nossa mente se fechou ao raciocínio e ao questionamento. Quando não sabemos por que acreditamos no que fazemos, mas ainda assim estamos satisfeitos em estarmos certos, isso é fé cega — uma mente que ainda está na escuridão. Quando seguimos os nossos valores com esse tipo de fé cega, perdemos de vista os seus sentidos e o poder que eles têm de nos guiar e nos transformar. Assim, eles perdem todo o valor.

Todas essas formas aparentes são o que assumimos como sendo "eu" e a que nos apegamos tão fortemente. Como base de nossa identidade, elas estão no centro de todas as dificuldades e turbulências emocionais por que passamos. É isso que chamamos de neurose e é o que estamos trabalhando para transformar.

Os meios mais diretos de nos relacionarmos com esses diferentes aspectos da neurose envolvem trabalhar com experiências exaltadas das emoções. Quanto mais vívida a emoção, maior a oportunidade que temos de nos conectar com a experiência do estado desperto. Há um ditado budista clássico: "Quanto mais fortes as emoções, mais o fogo da sabedoria resplandecerá." Quando nos conectamos completamente desta forma, estamos nos conectando com as vibrações básicas ou aspecto energético de nossas neuroses, que estão além do alcance dos conceitos. A confiança que precisamos ter, de forma a trabalhar com as nossas emoções nesse nível, nem sempre surge rápida ou facilmente. Nesse ponto, é importante que lembremos e nos conectemos com os princípios básicos da vacuidade e da compaixão. É assim que trabalhamos com as neuroses.

VACUIDADE ENERGIZADA, COMPAIXÃO PASSIONAL

Não estamos mais falando de vacuidade apenas em termos da experiência da abertura, espacialidade ou totalidade. A experiência direta da vacuidade nesse nível tem uma qualidade energizada, bem-aventurada, que é parte da experiência de totalidade. Há um tremendo sentido de brilho e alegria. Como já foi dito várias vezes até agora, a vacuidade não é apenas um espaço vazio como um vácuo, ela não é apenas a experiência de um "nada". Não é uma varinha mágica que faz as coisas desaparecerem. Pelo contrário, é uma experiência de presença brilhante que ocorre naturalmente na ausência de fixação ou de não se prender a nada. Imagine que algo está ali, mas não há nada nos fixando. Ao mesmo tempo, há um sentido de crueza ou nudez que pode ser desconfortável a princípio. Podemos usar muitas palavras para descrever a experiência da consciência aberta que vai além de fixações de quaisquer tipos, mas basicamente ela é aguda, clara, vibrante e cheia de brilho.

Quando compreendemos a vacuidade dessa forma e podemos unir essa experiência com a nossa experiência comum de neurose, ela transforma a nossa percepção de nós mesmos e de nossa perspectiva do mundo. Por quê? Na ausência de fixação, a nossa mente se torna livre de confusão. Finalmente, vemos através de lentes limpas. Nossa imagem nebulosa entra em foco e começamos a ver quem realmente somos. Em vez de nos considerarmos seres perdidos e sem poder em um mundo de infindável confusão, começamos a desenvolver confiança em nossa natureza desperta e na natureza desperta de todos com quem compartilhamos esse mundo. Temos confiança nisso porque isso é o que agora vemos. Não mais vemos as nossas neuroses e as neuroses dos outros como apenas algo com que podemos trabalhar: nós as vemos como fonte de inspiração e iluminação.

Uma vez que tenhamos sido capazes de nos conectar com essa experiência, a nossa prática é cultivá-la, refazer essa conexão vez após vez. Enquanto a nossa confiança aumenta, alcançamos o nível de afirmar essa realidade e observamos como a experiência do destemor passa a ocorrer. Não só vemos a possibilidade do destemor, mas começamos a tomar esse destemor como base de nossa atitude com relação a qualquer expressão de neurose. Quando conseguimos sustentar essa atitude, é se como o buddha rebelde assumisse o trono de mestre da confusão. Não somos mais subjugados por emoções poderosas. Agora, elas só fazem o nosso mundo mais colorido, mais dinâmico e desperto. Começamos a manifestar um tipo de orgulho iluminado, um sentido de dignidade e respeito por si próprio que é livre de ego.

Dessa perspectiva, podemos ver que a vacuidade não significa se afastar de nossas complicações ou fazer com que os nossos problemas ou a realidade física desapareçam. Significa ver além de nossas complicações comuns ao transcender as nossas fixações. Por esse motivo, na vacuidade há uma sensação de liberdade imediata e total. E, quando estamos livres desta forma, o que sobra é apenas a experiência do brilho, de uma cintilância que tem uma tremenda qualidade de riqueza.

Esse sentido do orgulho iluminado ou da confiança inabalável em nossa natureza desperta é um grande passo na direção de atingir o despertar completo, a liberação total. Precisamos, então, unir totalmente a mente aberta e destemida ao coração da compaixão. Quando unidos, se tornam a mais potente força para a superação de todos os níveis de confusão. Mas a compaixão aqui também é um pouco diferente da nossa compreensão comum. Reúne todas as qualidades que já esperamos que tenha — bondade, compreensão empática etc. — mas vai além. Torna-se mais crua. Não é mais considerada apenas bondade pura no sentido convencional ou menos bondade no sentido espiritual. A intensidade e a profundidade do sentimento têm a qualidade da paixão. Estamos, de certo modo, conectando-a com um estado primal de energia e de consciência. Estamos indo ao núcleo do nosso coração autêntico e nobre, o nível mais fundamental da mente: nosso ser verdadeiro, básico. Essa jornada ao centro nos livra de ainda mais conceitos, até mesmo aos conceitos a que nos apegamos como virtuosos e bons. Ainda assim, está cheio de calor e de gentileza, que expressamos na direção de todos os nossos seres companheiros e, mais do que isso, na direção de nós mesmos e de nossa neurose. É um coração inspirado pelo orgulho iluminado, pela luminosidade dessa suprema vacuidade.

A UNIÃO DE VACUIDADE E COMPAIXÃO

De uma perspectiva budista, a compaixão é o brilho natural ou luz da vacuidade. Essas duas coisas, compaixão e vacuidade, estão sempre em união, ainda que a natureza primordial e poderosa dessa união possa ser difícil de reconhecer. Não se trata de uma mera ideia, mas uma realidade que parece estar embutida em nós mesmos e na própria natureza do nosso universo. Por exemplo, se fechamos os olhos, começamos a ver *flashes* de luz na escuridão. Na perspectiva budista, essa luz não é apenas um fenômeno ótico: a fonte derradeira dessa radiância é a natureza bem-aventurada e vazia de nossa mente. Da mesma forma, a luz da compaixão causa lampejos de brilho onde quer que se manifeste, ainda que tais lampejos sejam sempre vazios. Podemos ver essa mesma cintilância na energia de nossas emoções, especialmente em nossos relacionamentos. Quando dizemos "isso é amor" ou "isso é ódio" há luzes acendendo e apagando o tempo todo que algumas vezes nos puxam para perto de alguém e algumas vezes nos empurram para longe. Quando pensamos que queremos desistir da coisa toda e simplesmente ir trocar as fichas no guichê do cassino, geralmente acabamos com outra pessoa e a coisa toda começa de novo.

Um físico teórico que conheci em uma viagem me contou uma história, sobre um tipo de relacionamento que me lembrou essa união de vacuidade e compaixão: o relacionamento entre pares de *quarks*. As partículas elementares chamadas de *quarks* ocorrem em muitas variedades, como *quarks* "para cima" ou *quarks* "para baixo", sempre aparecendo em pares opostos. Se o par é separado de alguma forma, de repente, surge um quark para baixo para se juntar ao *quark* para cima, criando dois pares. Assim, nem o *quark* para baixo nem o *quark* para cima parecem querer ou ser capazes de existirem sozinhos, o que soa familiar. Como isso é possível? O espaço vazio não é realmente vazio: na verdade, é bem brilhante e totalmente preenchido. Há um processo constante de transformação ocorrendo: partículas se transformando em energia pura e energia pura se transformando novamente em partículas. Da mesma forma, o relacionamento da vacuidade com a compaixão é sem emendas e constante. Nunca encontraremos só a vacuidade ou só a compaixão isoladas. Nesse nível elementar, nunca se divorciam. É uma imagem até meio romântica — esse universo de espaço e energia como passional, amoroso e desinteressado, ao mesmo tempo.

O CORAÇÃO ROMÂNTICO DA COMPAIXÃO

Como efeito colateral do trabalho com esse nível primal de experiência, começa a surgir um elemento de romantismo, de brandura para com o mundo das emoções e dos sentidos. E porque é assim? No seu núcleo, a compaixão é baseada em paixão e desejo, um aspecto da nossa natureza que não devíamos temer. Sem a paixão, não haveria amor no mundo, nenhum compromisso a uma causa comum, nenhuma devoção com relação a ideais iluminados ou o pensamento do despertar. O desejo faz surgir o anseio e a aspiração, movendo-nos a superar obstáculos e a atingir grandes alturas. Ainda assim, a paixão e o desejo a serviço do interesse próprio ou amarrados pela fixação e obsessão são geralmente forças destrutivas em nossa vida. É mais fácil se ater a conduta comum — a realização de boas ações — do que se arriscar trabalhando com o aspecto romântico da compaixão, mas também é um pouco mais superficial.

Começamos trabalhando com a nossa mente, ao cultivar uma atitude de renúncia. Nossa liberdade dependia de nos afastarmos de todos os apegos que nos aprisionam a estados de sofrimento. Então, pelo processo de treinamento da mente, descobrimos que poderíamos usar, ao invés disso, esses próprios apegos e as emoções causadas por eles, para transformar estados mentais negativos em positivos. Agora, tendo crescido, por assim dizer, e possuindo mais recursos de sabedoria e de compaixão, podemos nos encontrar frente a frente com a nossa mente, em seu nível mais profundo. Ao invés de apenas abster-se de sentimentos ou prazeres fortes, podemos olhar claramente para esses estados, sem confusão.

Geralmente, quando queremos algo, em vez de olhar o próprio desejo — a energia pura do anseio ou da fissura — e conectar isso àquela experiência mental, caímos em padrões comuns de pensamento. Perdemos o momento original, a abertura, a energia e o brilho que antecede o surgimento dos nossos padrões habituais. Isso acontece o tempo todo, quer o nosso desejo esteja em uma grande escala, quer esteja apenas na vontade de tomar uma Coca-Cola bem gelada. Graças a todos os nossos pensamentos de bom e mau, antes mesmo de irmos pegar a coca, já negamos a nós mesmos o prazer de bebê-la: tem açúcar demais, calorias demais; cafeína é ruim; esse refrigerante não foi engarrafado na região; etc. assim por diante. Nossa cabeça diz "não beba", mas as nossas papilas gustativas estão fazendo "hmm". O ponto aqui é reconhecer a nossa neurose em toda sua plenitude, em seu estado mais cru e fundamental, enquanto surge — quando estamos olhando para aquela lata de Coca-Cola gelada e todo o nosso ser se volta para ela. Nossa paixão por aquela Coca-Cola é uma luz em nossa mente, e há um momento de estado desperto, prazer puro e satisfação antes que o massacre do pensamento comece. Naquele momento podemos tentar dormir para escapar da intensidade e do brilho ou podemos nos retrair e pegar um suco de cenoura orgânico. Ou ainda, podemos unir aquele momento, com o orgulho iluminado, a sabedoria da vacuidade. Se vamos ou não beber a coca, não é isso o que importa. O que importa é como trabalhamos com a nossa mente, quando bate o desejo.

Em certo sentido, precisamos das grandes paixões como uma porta de entrada para a transcendência. Quando mesclamos a gentileza e o calor do estado desnudo da paixão com a fagulha brilhante da vacuidade, há um sentido natural de união. O encontro das duas produz a experiência que chamamos de "sabedoria da grande bem-aventurança" ou "grande alegria". Porque todas as emoções, no seu núcleo, nunca estão separadas da compaixão, a união de quaisquer emoções com a vacuidade pode produzir a experiência da grande alegria. Com a descoberta dessa vacuidade suprema, a união autoexistente da vacuidade e da compaixão, reconhecemos que a alegria é sem início ou fim. Portanto, não precisamos nos fixar a ela. Como a energia do espaço, vem de lugar algum, toma forma por um momento, se dissolve e surge novamente. Há momentos em que a vemos e momentos em que não a reconhecemos, mas, ainda assim, a sua essência é a mesma o tempo todo. O espaço nunca está menos cheio de energia do que no momento seguinte. Nessa altura, o nosso sentido de orgulho iluminado é imperturbável. Não estamos imaginando nosso estado desperto e tentando refazê-lo de acordo com essa imagem. Vemos que estamos dentro de um campo de estado desperto que nos inclui. Somos parte de algo ilimitado. Nosso sentido de solidão ou individualidade não é mais uma barreira entre nós e os outros. Em vez disso, é a inspiração por nosso desejo de nos aproximarmos dos outros e trazermos a eles o máximo de alegria e felicidade que pudermos.

Agora, completamos o círculo de nossa jornada. Olhando para trás, podemos ver que, primeiramente, usamos a ideia de ausência de um eu como uma arma para destruir a nossa confusão. Agora, usamos a experiência de ausência de eu como uma fonte de inspiração e coragem, para trabalhar com as nossas neuroses e as neuroses do mundo. Enquanto todo mundo está tentando escalar para fora do sofrimento, algumas pessoas estão retornando. Ser uma pessoa assim requer muita coragem e paixão pelo mundo. Ajuda também ser um pouco maluco.

Porém, não interessando qual seja o nosso caminho, não interessando onde ele nos leve, há uma instrução que devemos proteger e carregar sempre conosco: nunca abandonar ninguém. Mesmo se não conseguimos ajudar alguém neste momento, não devemos abandoná-lo mentalmente ou fechar a porta do nosso coração. Essa é a instrução direta do Buddha, o nosso amigo revolucionário da antiguidade. Se esquecermos dela, a ouviremos de novo da boca do buddha rebelde com que agora estamos convivendo.

Uma linhagem do despertar

Como preservar uma linhagem de sabedoria? A sabedoria precisa ser passada geração após geração. Mas há uma diferença entre preservar uma tradução e institucionalizá-la. Podemos encher museus de artefatos budistas, podemos traduzir e reproduzir textos de mestres do passado e encher as bibliotecas do mundo com eles, podemos documentar os rituais e códigos de sua cultura. Então, ninguém correrá o risco de esquecer o budismo. Continuará em existência como uma relíquia fascinante, como tantas outras civilizações perdidas. Por outro lado, podemos preservar a sabedoria que está embebida nessa tradição ao estudá-la e praticá-la até o ponto em que despertamos.

Isso se aplica tanto à nova geração de praticantes que recém começaram a frequentar ensinamentos e retiros, quanto aos que já tem feito essas coisas por anos a fio. Algumas vezes me pergunto por que alguns de vocês persistem, já que vejo tão pouca confiança na possibilidade no despertar como uma possibilidade hoje. Talvez você pense que pode acordar 50%, o suficiente para superar o estágio "louco", mas não para ir até o fim na "sabedoria". Porém, não é a mensagem do Buddha ou a intenção do budismo fornecer uma recuperação parcial da confusão. A mensagem do Buddha é que estamos despertos agora mesmo e que podemos, se nos aplicarmos, reconhecer isso.

Se vive no Ocidente, é possível que duvide que essa mensagem se aplique a você. Você pode pensar: "Como é que vou me tornar um ser realizado? É impossível! Como um ocidental poderia despertar como Buddha e se tornar um detentor de linhagem? É preciso nascer em meio à coisa toda, como os asiáticos. Isso está no sangue deles." Talvez você nunca tenha pensado a respeito isso, mas os asiáticos tem o mesmo tipo de dúvida sobre si mesmos. Certa vez Milarepa, o iogue tibetano iluminado, foi interpelado por um leigo que disse, "que impressionante que você tenha atingido uma realização tão grande em apenas uma vida! Uma realização desse tipo só pode ser possível porque você é uma reencarnação de algum grande ser — de que buddha ou bodisatva você é emanação?" Dessa perspectiva, mesmo ser tibetano não é suficiente. É preciso ser sobre-humano.

Em resposta, Milarepa ficou muito irritado e disse, "Ao dizer isso, você está denegrindo o Dharma e por implicação está dizendo que o caminho não tem poder. Você está dizendo que a única razão pela qual posso manifestar minha natureza iluminada é porque já nasci com uma vantagem garantida. É difícil encontrar uma visão mais equivocada do que esta!" De fato, Milarepa começou com um currículo bem ruim. Ele tinha uma longa ficha de delitos e, assim, precisou superar diversos obstáculos e trabalhar duro. Ele disse: "Pratiquei o Dharma com zelo implacável. Graças aos métodos profundos do caminho, desenvolvi qualidades excepcionais. Mas veja, qualquer um com um mínimo de determinação é capaz de desenvolver uma coragem como a minha, se apenas mantiver uma confiança autêntica nos efeitos de suas ações. Ele desenvolveria as mesmas realizações — e então as pessoas também pensariam que ele seria manifestação de algum Buddha ou outro grande ser."[4]

O mesmo ocorre com qualquer um de nós hoje quando dizemos que não conseguiremos: estamos expressando uma falta de confiança no poder do caminho budista. Duvidamos que ele possa produzir o efeito que alardeia. Ainda assim, de acordo com os ensinamentos de grandes iogues e eruditos do passado, é possível manifestar realização. É uma ideia realista. Não estou falando sobre algumas instâncias isoladas de iluminação, a liberação de um ou dois "grandes seres" em algum ponto no futuro. Isso não basta: estou falando de estabelecer linhagens atuais do despertar. Linhagens genuínas de budismo americano e ocidental podem começar hoje. Podemos assistir aos resultados, desse movimento, ainda neste século.

Qualquer pessoa tem o potencial de atingir a iluminação. Já temos certo nível de inteligência, discernimento que podemos desenvolver ainda mais, até a realização final. Confiar nisso é extremamente importante. Se não houver confiança em nós mesmos, a experiência não surgirá. Se nos sentarmos com uma atitude de "bem, estou sentando, mas sei que não vou chegar a lugar algum hoje", então, provavelmente, nada acontecerá mesmo. O melhor enfoque é sentar-se sem qualquer expectativa, sem nenhuma esperança e sem nenhum medo sobre o resultado. No entanto, devemos nos sentar com uma atitude de abertura, que admite possibilidades, ao invés de simplesmente fechar a porta para elas.

Quando você compara a educação em sua cultura com a dos professores asiáticos ou com as figuras históricas do passado, geralmente não vê nenhuma chance de atingir uma realização como a deles. Provavelmente, pensa em si mesmo como uma pessoa comum e confusa, que é produto de uma cultura materialista e dualista, enquanto eles têm a vantagem de serem criados desde o nascimento em circunstâncias especiais, até mesmo místicas. Tais ideias não nos ajudam. Na verdade, elas prejudicam o caminho.

Pense da seguinte forma: se você nasceu judeu ou cristão, você provavelmente foi criado em um ambiente judaico-cristão. Isso lhe dá algum poder especial para reconhecer a natureza de Deus? Acho que não. O mesmo ocorre com alguém nascido hindu, muçulmano ou budista. Só nascer e ser criado em uma determinada cultura não garante que terá uma compreensão profunda da herança de ensinamentos espirituais daquela cultura. Alguém de fora de sua cultura pode ter até mesmo uma compreensão melhor e mais fresca dela.

De fato, se você tivesse nascido e fosse criado na cultura budista asiática atual, você estaria mais interessado em aprender filosofia, psicologia e tecnologia ocidentais para buscar nelas novos *insights* e oportunidades. A face do Buddha é velha e familiar para você — talvez, familiar demais. Mesmo onde as comunidades budistas asiáticas atuais funcionam como centros de prática, elas se deparam com desafios culturais semelhantes àqueles encontrados no Ocidente — reconhecer o cerne dos ensinamentos do Buddha além das formas culturais estabelecidas ao longo dos séculos. Portanto, enquanto não podemos falar de trazer o budismo para as terras orientais, podemos nos perguntar: "Até que ponto as pessoas estão praticando rituais culturais e até que ponto elas estão mesmo despertando?"

Esse dilema parece ser comum ao Ocidente e ao Oriente. Nesse sentido podemos voltar e olhar o exemplo de Príncipe Siddhartha, cuja jornada ao despertar começou quando ele seguiu para além das fronteiras de sua própria cultura. O jovem Buddha foi o *outsider* quintessencial.

O PROFESSOR COMO EXEMPLO

As histórias que ouvimos sobre a vida do Buddha e outras figuras importantes nos fornecem exemplos inspiradores. O problema é que podemos nos confundir com a ideia de "um exemplo" e exagerar o que o exemplo representa. Tendemos a idealizar o passado. Por exemplo, o aspecto rústico da vida na Índia antiga parece romântico, à distância. Ou, quando pensamos no Buddha, imaginamos uma figura santa nos dando ensinamentos profundos. Não vemos um indiano caminhando por estradas empoeiradas, vilarejo após vilarejo, ficando com fome, cansado e calejado, às vezes sorrindo e às vezes carrancudo. Acham que ele meditava o tempo todo? Acham que ele nunca gritava com ninguém? Ele foi um ser humano como nós e, exatamente por isso, é um modelo maravilhoso.

O mesmo ocorre quando olhamos para os grandes iogues do passado. Por exemplo, os patriarcas da linhagem do budismo tibetano sempre são retratados como fisicamente perfeitos, vestindo belos ornamentos e sentados de forma majestosa. Naturalmente, eles nos inspiram. Porém, se os víssemos pessoalmente, talvez nem desconfiássemos de que eram pessoas importantes ou mesmo de que eram budistas. E como eles eram na verdade? O pai da escola Kagyu, Tilopa, viveu por um tempo como um mendigo itinerante e como uma espécie de pescador, que comia as tripas dos peixes que os outros pescadores descartavam. Diz-se que quando seu herdeiro do Dharma, Naropa, primeiro o encontrou, ele estava comendo peixe vivo. Falando honestamente, se Tilopa estivesse sentado em nossa frente agora, seria muito difícil que conseguíssemos nos relacionar com ele, já que estamos buscando alguém que se encaixa em nossa imagem romântica de um mestre espiritual. Quando isso ocorre, não estamos fazendo uma conexão de coração com o caminho e com os ensinamentos do Buddha.

Outro exemplo é Padmasambhava, o indiano renomado como um "segundo Buddha", que ainda é uma das figuras mais importantes e amadas na história do Tibete. Padmasambhava é visto como aquele que trouxe o Dharma ao Tibete, e milhares de tibetanos o têm em grande consideração e seguem o seu exemplo. Mas se lemos a biografia de Padmasambhava, vemos que havia muita gente no Tibete que o odiava e que tentaram destruí-lo. Devido a suas realizações espirituais, eles não conseguiram derrotá-lo, mas ele inspirava tanto inimizade quanto devoção.

O que essas histórias demonstram para nós é o lado humano dessas figuras iluminadas. Quando não vemos sua humanidade de forma realista, também fracassamos ao ver suas verdadeiras realizações. Desse modo, não nos beneficiamos de seus exemplos. Isso me lembra de um noticiário que vi na TV que descrevia como os norte-americanos tendem a exagerar as conquistas e desculpar os defeitos de presidentes anteriores, mas tendem a ser muito críticos com relação ao presidente no cargo. John Lennon disse algo parecido — que somos mais amados quando estamos mortos e enterrados do que quando andamos sobre a terra.

Portanto, com relação aos professores que procuramos como nossos exemplos, é importante não confundir preservação cultural com pessoa viva. Quando buscamos exemplos no caminho, os exemplos que encontramos são humanos. Além disso, como meu próprio professor me indicou, é mais importante apreciar as oportunidades que temos no presente. Não interessa quão bondosos, inteligentes ou maravilhosos fossem aqueles seres realizados do passado, os professores mais bondosos, generosos e importantes são os atuais, porque é com eles que podemos nos relacionar em pessoa. Eles são as únicas pessoas que podem nos conhecer, dar instruções e conduzir pelo caminho. Buddha Sakyamuni foi um professor maravilhoso, mas eu e você não podemos sentar com ele e fazer perguntas sobre o que fazer ou sobre como lidar com os nossos problemas. No entanto, podemos sentar em um café com o nosso professor vivo, de carne-e-osso, e com ele conversar sobre o nosso caminho.

PROFESSORES CONTEMPORÂNEOS

Hoje, quem são os nossos professores? Nesse momento, há um crescente número de ocidentais e asiáticos que estão passando por um completo e rigoroso treinamento, semelhante àquele pelo qual nossos professores asiáticos mais velhos passaram. E eles estão obtendo resultados similares. Isso significa que alguns deles estão se tornando professores sábios, habilidosos e compassivos. Eles começam a trazer consigo a linhagem de uma forma autêntica, devendo ser tratados com o mesmo respeito concedido aos professores realizados que os precederam. Devem receber igual confiança. Alguns passarão pelo treinamento e serão professores medíocres ou ruins, assim como há pessoas que fazem doutorado e que conseguem boas posições, usam suas credenciais, mas que nunca produzem sequer um aluno brilhante, porque não conseguem ensinar o que sabem. O mesmo ocorre na jornada espiritual. Porém, se Buddha estava certo, se a mente é desperta e está além da cultura, então, com certeza, há professores contemporâneos que tomarão os seus assentos e guiarão o budismo para adiante, neste nosso mundo moderno. Isso é essencial, já que a velha geração de professores asiáticos que temos agora não estará conosco para sempre. Assim como os nossos pais não vivem para sempre, os nossos professores também se vão. Se tudo der certo, teremos aprendido deles tudo o que precisamos saber para viver uma vida compassiva e significativa e assim levar adiante a linhagem do despertar.

Meu conselho com relação a isso é examinar todos os seus professores e aceitar aqueles que possuam as qualidades de sabedoria, compaixão e habilidade, não interessa de onde eles venham. Porém, da mesma forma que em qualquer cultura ou tradição — mesmo no velho Tibete isso não era diferente — o budismo de hoje vai também se deparar com alguns "mestres" autoproclamados que são charlatões. Aparentemente, o que não falta no cenário espiritual são charlatões. É importante para os alunos distinguirem entre tais farsantes e os professores verdadeiros, e sempre sigam um detentor genuíno da linhagem do Buddha.

Vocês, alunos de hoje vivendo em Vancouver e Nova York, Londres e Hamburgo, Barcelona e Hong Kong, são os professores do amanhã. Mesmo que não esteja em seus planos no momento, pode acontecer. É assim que funciona. Como um professor potencial, você precisa confiar em sua capacidade de aprender e corporificar a sabedoria verdadeira. Os alunos de hoje têm muitas vantagens. Começamos a nossa prática com uma boa educação, e uma enorme profundidade e diversidade de conhecimentos. Portanto, de muitas formas, vocês estão intelectualmente preparados para uma jornada cuja finalidade é o conhecimento transcendental. Capacidade ou potencial não são o problema. O desafio é discriminar o que é cultura e o que é sabedoria — e, ao que parece, esse é um velho problema.

PRESSÕES CULTURAIS: UM PUNHADO DE PÓ

Há uma história famosa em *As palavras de meu professor perfeito*, de Patrul Rinpoche — um dos professores mais ilustres do século XIX —, sobre um professor Kadampa do século XII, muito conhecido e que se chamava Geshe Ben. A história conta que Geshe Ben esperava uma visita de vários de seus patrocinadores e de alguns alunos. Na manhã em que ele esperava a chegada de todos, começou a arrumar as oferendas no altar. Ele estava tão absorto em deixar o seu altar incrível que, repentinamente, se deu conta de algo. No momento seguinte, pegou um punhado de pó e o jogou em cima de todas as oferendas. Quando esse incidente foi relatado a um grande mestre indiano, Padampa Sangye, ele disse: "Aquele punhado de pó que Geshe Ben jogou foi a melhor oferenda de todo o Tibete."[5] Essa história, para nós, é chocante. Você consegue se imaginar jogando pó em um altar?

Por que Geshe Ben deixou o seu altar tão belo e depois jogou pó em cima de tudo? Ele era um grande praticante, então era mais do que um desejo egocêntrico de impressionar seus benfeitores. Havia uma tradição cultural que colocava enorme pressão sobre ele. Era considerado desrespeitoso não limpar e dispor direitinho o altar, colocando oferendas novas. Entretanto, em meio às preparações, ele percebeu que não tinha uma conexão de coração com as suas ações, nenhuma inspiração e, o pior de tudo, nenhuma presença mental ou consciência. Portanto, ele pegou esse punhado de pó e jogou no altar, dizendo: "Monge, fica na tua, e não banque o convencido."

Mais recentemente, temos a historia de Gendun Choephel, um grande professor (ainda que notoriamente pouco convencional), erudito e tradutor, que viveu na primeira metade do século XX. Certo dia, dois eruditos das universidades de dois famosos mosteiros vieram falar com Gendun Choephel, mas a sua visita era algo mais do que uma mera socialização. Eles haviam ouvido sobre o seu comportamento louco e, então, vieram ver por si mesmos — "ajudá-lo", por dizer assim. Quando ouviu que vinham vê-lo, Gendun Choephel pegou a sua mais preciosa estátua de Buddha e a colocou na mesa. Então, enrolou um cigarro com uma nota equivalente a 100 dólares em dinheiro tibetano. Quando os eruditos chegaram, ele acendeu o cigarro e começou a fumar. Eles olharam para o cigarro e viram que era uma nota verdadeira. Enquanto fumava, Gendun Choephel deitava as cinzas sobre a estátua de Buddha e isso os eruditos não aguentaram. Tudo bem ele desperdiçar os seus 100 dólares, mas não dava para tolerar a ideia de ele jogar as cinzas do cigarro sobre a estátua de Buddha. Assim, eles começaram um grande debate com Gendun Choephel, mas no final, eles não conseguiram derrubar a sua visão de que o nosso respeito pelo Buddha e a nossa conexão de coração são coisas muito interiores. Buddha não é algo externo. Além disso, se Buddha está completamente iluminado, além da dualidade e dos conceitos, ele não se incomodaria com algumas cinzas de cigarro.

Essas histórias nos lembram de que podemos nos descobrir tão presos nas formas culturais do Dharma que começamos a agir contra o coração do nosso caminho espiritual. Ambas as histórias mostram grandes mestres "jogando pó" sobre objetos que geralmente consideramos sagrados. Mas, ao invés de dessagrar esses objetos, há um sentido de liberdade perante os nossos conceitos de bom e mau, puro e impuro, bonito e feio. Esses conceitos são a fonte de enormes pressões culturais, pressões de que devemos seguir certas regras, explícitas ou implícitas. Se não seguimos as regras, nos sentimos muito desconfortáveis e podemos ser excluídos. Mas, quando seguimos as regras, mesmo sem pensar no assunto, por fora tudo parece bem, ainda que não tenhamos uma verdadeira compreensão de nossas ações. Podemos até mesmo enganar a nós mesmos, por algum tempo.

Quando estamos apenas fazendo as coisas mecanicamente, as nossas ações não têm muito sentido. Somos como os trabalhadores em uma linha de montagem de uma enorme fábrica de automóveis, onde as pessoas são alinhadas e fazem apenas uma coisa vez após vez. Não temos que pensar no que estamos fazendo. Podemos até esquecer o que estamos fazendo. Se o nosso trabalho é instalar um único parafuso, é isso que fazemos. Da mesma forma, podemos perder a perspectiva da finalidade de nossas ações e nos tornarmos trabalhadores de linha de montagem da liberação. Fazemos tudo que é prescrito, mas nada chega até nós. Não reparamos no nosso altar e nem sequer lembramos o que há nele, muito menos o que ele representa. Não apreciamos o espaço e a energia quando sentamos. Não mudamos com as palavras que lemos. Podemos ter acumulado muitas estátuas, livros e todas as armadilhas da vida de um meditador, a um ponto tal que a nossa casa começa a parecer um *shopping center* espiritual. Mas depois de colecionar todas essas coisas, imediatamente esquecemos que as temos. Podemos até mesmo comprar o mesmo livro duas ou três vezes, sem perceber que já temos uma cópia.

Pode ser que haja algumas coisas que vale a pena colecionar, selos ou antiguidades, porque um dia o nosso investimento pode dar frutos. Porém, do ponto de vista espiritual, não há nenhuma finalidade em nossas ações se apenas as realizamos sem reflexão. Não há liberação se não estamos conscientes. Não há alegria se não estamos nos conectando de coração. Assim, quando a presença mental e a consciência não estão presentes nas ações, que finalidade há nelas, do ponto de vista do Dharma do Buddha? Perder essa conexão de coração não só é uma irresponsabilidade, para cada um de nós enquanto indivíduos: isso pode afetar uma comunidade de prática ou toda uma tradição.

ESPANTALHO DE DHARMA

A revolução da mente instigada pelo Buddha não aconteceu apenas uma vez. O Dharma do Buddha passou por muitos períodos de revolução e mudança. Isto é necessário, porque é natural que algum nível de degeneração, desinformação ou confusão penetrem em qualquer sistema ao longo do tempo. Assim como precisamos regularmente rodar programas que vasculham os nossos computadores atrás de vírus, precisamos continuamente rever, refinar e refrescar os nossos sistemas espirituais. No budismo temos um histórico nessa tarefa.[6]

Portanto, esse assunto de que estamos tratando aqui — revolucionar o Dharma — não é nada novo. Isto tem acontecido na cultura budista por 2.600 anos. É muito triste quando uma tradição viva fica imobilizada, sem nenhum frescor, e acabamos perdendo a nossa conexão básica de coração com a jornada espiritual. O Dharma deixa de ser o Dharma verdadeiro, autêntico. O Buddha chamou essa condição de "símbolo do Dharma". É apenas uma forma, como um espantalho. Um espantalho parece humano. Tem tudo — cabeça, braços, mãos, pernas e pés. Usa um chapéu, um casaco, calças, botas e, às vezes, óculos escuros. Parece que tudo está ali. Parece uma pessoa real, mas é só um espantalho, um símbolo.

Precisamos nos cuidar com relação a esse espantalho de Dharma. Podemos estar em uma majestosa sala de meditação, onde há um altar belíssimo, professor, ensinamentos, uma assembleia de alunos e uma prática cultural. Tudo parece perfeito e completo. Podemos sentir que estamos em uma situação dármica ideal, mas ainda assim pode ser um espantalho de Dharma. Essa é a parte perigosa. O próprio Buddha diz em seus ensinamentos que o Dharma nunca será destruído por condições externas. A única coisa que pode destruir o Dharma vem de dentro. Portanto não olhar o que está ocorrendo no interior pode ser mais destrutivo do que se preocupar com condições externas desfavoráveis.

Não interessa que tipos de formas estejamos considerando, precisa haver uma conexão de coração, uma compreensão genuína dos elementos em nosso caminho. Deve haver um sentido sincero de dedicação que vem de nossa confiança em nossa compreensão. Sem isso, a nossa experiência do caminho se torna um espantalho de Dharma, algo que não é a autêntico.

O QUE BUDDHA ENSINOU

Depois de sua iluminação, o Buddha Sakyamuni ensinou durante 45 anos. No final das contas, há uma literatura muito vasta que está em processo de tradução das línguas originais para o inglês e outras línguas ocidentais. Algumas vezes se diz que há oitenta e quatro mil Dharmas ou ensinamentos do Buddha. Mas de fato, pode-se igualmente dizer que Buddha ensinou apenas uma coisa, uma única instrução profunda: como trabalhar com a própria mente.

Trabalhar com a própria mente significa trabalhar com os nossos pensamentos, com as nossas emoções e com o sentido básico de apego ao eu, todas essas coisas que não têm forma. Essas coisas não falam nenhuma língua particular e nem vestem as roupas de algum país específico. Portanto, são experiências universais da mente. Não há diversidade cultural em termos de nossas emoções. A raiva é raiva. Não há uma forma tibetana de raiva e uma forma norte-americana de raiva. Pode haver diferentes estilos culturais de expressar ou reprimir a raiva, mas a experiência interna é a mesma. Quando ficamos com raiva, as palavras não podem descrever o que passamos, não interessando a língua que falamos. A raiva só vibra em nosso corpo e a nossa mente se apaga. Da mesma forma, não há forma cultural do ego. Não interessa de onde você vem, há um sentido fundamental de "eu" que é o mesmo para todos. Não há um sentido de "eu" para as pessoas de Nova Déli e outro sentido para as pessoas de Los Angeles. Além disso, o estado básico de sofrimento parece se manifestar em todas as partes, sem nenhuma aliança com qualquer país ou cultura. Feliz ou infelizmente, a espécie humana compartilha pelo menos essas experiências, segundo as quais não há barreiras ou diferenças entre nós.

Da mesma forma, a experiência de estar desperto é igual para todos. É uma experiência da mente que transcende a cultura. A sabedoria que causa a experiência do despertar também deve ser universal, senão cada país precisaria de um "buddha" próprio para seus cidadãos. Se há uma natureza asiática da mente, que é diferente de uma natureza norte-americana, europeia ou africana da mente, então teríamos que concluir que não há porque ensinar a sabedoria do Buddha fora da Ásia. Economizaríamos muito tempo, dinheiro e dores de cabeça, se concordássemos com isso. Ainda assim olhamos para o mundo ao redor e vemos que essa sabedoria também se manifesta por todos os lados. Ela não tem favoritos. Ocidente ou Oriente — mesmo sono, mesmo sofrimento, mesmo despertar, mesma felicidade.

SEGUINDO EM FRENTE: EM QUE CONFIAR

Com todos os diversos professores e ensinamentos a que estamos expostos hoje em dia, como sabemos a quem ouvir e em que ensinamentos confiar? O Buddha respondeu à pergunta da autoridade espiritual, em um ensinamento que veio a ser chamado de Quatro Confianças. Estas Quatro Confianças podem nos ajudar a desenvolver uma compreensão melhor de como seguir em frente nessa cultura e nos dias de hoje. Ele disse,

Confie no ensinamento, não na pessoa.
Confie no sentido, não nas palavras.
Confie no sentido definitivo, não no sentido provisório.
Confie na sabedoria, não na consciência.[7]

Devíamos fazer um pôster com essas instruções e pendurar por todo lado: na nossa sala, no banheiro, nos quartos, no chão e no teto. São realmente importantes. Quando praticamos essas Quatro Confianças, podemos ter certeza de que estamos no caminho certo e que receberemos o benefício completo dele.

Primeira confiança: confie no ensinamento

Quando Buddha diz "confie no ensinamento, não na pessoa", isso significa que não deveríamos nos deixar enganar pelas aparências. O professor pode ser muito carismático, vir de uma família ilustre, andar de limusine e ter muitos assistentes. Ou, ele pode parecer bem normal e viver em circunstâncias humildes. Não importa se o professor é asiático ou ocidental, homem ou mulher, jovem ou velho, convencional ou pouco convencional, famoso ou desconhecido, podemos julgar o quão qualificado e confiável esse professor é ao observar a qualidade e a eficácia de suas instruções, o seu grau de discernimento e realização, e suas conexões de linhagem. Isso é importante, porque há muitos professores de valor cuja aparência e estilo de vida não correspondem às expectativas dos alunos. Assim, deveríamos confiar mais no ensinamento do que naquilo que pensamos ou sentimos sobre a pessoa que os concede.

Segunda confiança: confie no sentido

Aqui, a mensagem do Buddha, "confie no sentido, não nas palavras", é de que devemos buscar orientação no sentido do que está sendo dito e não apenas em nossa compreensão conceitual das palavras. O sentido é carregado pelas palavras, mas não está nas palavras. Se nos prendemos no nível das palavras, podemos achar que a nossa compreensão conceitual é definitiva, uma experiência verdadeira de realização. Mas deveríamos entender que as palavras são como o dedo que aponta para a lua. Se olhamos apenas para o dedo, ficamos no nível dos conceitos. Só compreenderemos totalmente o sentido das palavras quando pararmos de olhar para o dedo e nos voltarmos na direção da lua. Fazemos isso ao refletir profundamente sobre o que ouvimos, até que as nossas reflexões nos levem além das palavras, para uma experiência mais direta e pessoal de seu sentido. Você só saberá o que é o chá Earl Grey bebendo da xícara. Você só conhecerá a vacuidade ao descobrir a experiência em você mesmo.

Terceira confiança: confie no sentido definitivo

Com "confie no sentido definitivo, não no sentido provisório", Buddha está apontando que precisamos conhecer não só o sentido das palavras, mas também quando um sentido é "definitivo" e quando ele é "provisório". Esse é outro jeito de dizer que alguns sentidos são últimos e outros são relativos. Um sentido último é final e completo — é assim que ele realmente é, e não há nada mais a dizer sobre o assunto. Um sentido relativo pode ser uma compreensão importante ou poderosa, mas não é final e nem completa: é algo que nos leva adiante. Aprendemos muitas verdades relativas em nosso caminho para a compreensão da verdade última. Por exemplo, quando Buddha ensinou a verdade do sofrimento, isso ajudou a conduzir as pessoas ao caminho que as libertou do sofrimento. Porém, a própria natureza do sofrimento é relativa. Não existe na natureza definitiva da mente. O que existe é ausência de eu, compaixão, alegria, estado desperto, assim por diante. Essa é a natureza última da mente. Na terceira confiança, Buddha está dizendo para confiarmos nos sentidos que são definitivos ou últimos. Se assumirmos a crença no sofrimento como uma verdade última, nunca vivenciaremos a alegria de sermos livres do sofrimento.

Quarta confiança: confie na sabedoria

Aqui Buddha está dizendo que, de forma a vivenciar diretamente e compreender o sentido último, definitivo, de que estamos falando, precisamos confiar na sabedoria — a capacidade da mente de conhecer de uma forma não conceitual — e não em nossa consciência dualista. Quando dizemos "consciência", estamos falando da mente relativa: as aparências das cinco percepções dos sentidos e da mente conceitual, pensadora. Qual é a relação dessas aparências com a sabedoria? Elas são a manifestação e o jogo da própria sabedoria. Por mais nítidas que pareçam, essas aparências não têm existência sólida. Porém, até que reconheçamos isso, pode ser difícil ver a sabedoria inerente em todas as nossas experiências, especialmente em nossos pensamentos e emoções. Então, como praticamos essa confiança? Uma vez que isso seja compreendido intelectualmente, precisamos desenvolver mais confiança nessa compreensão, e torná-la parte de nossa experiência comum. Por exemplo, quando um pensamento surge, nos lembramos de que é apenas um pensamento. Se é um pensamento raivoso, um desejo de prejudicar alguém, podemos usar esse pensamento para nos conectar com a sabedoria, primeiramente em um nível relativo. Se misturamos a nossa raiva com o pensamento de compaixão, isso muda o sinal que estamos enviando de maneira fundamental. Esse movimento nos traz uma sensação de abertura e conexão de coração que pode permitir um melhor relacionamento no futuro. Então, até que sejamos capazes de nos conectar com a sabedoria última, é importante lembrarmo-nos de nos conectar com as qualidades da sabedoria relativa — um sentido simples de abertura e compaixão por nós mesmos e pelos outros. Quando fazemos isso, estamos confiando na sabedoria e não na consciência.

Examinando essas Quatro Confianças, torna-se claro que, através delas, Buddha está nos mostrando como sermos autônomos e discriminadores, e como evitar confundir uma autoridade inferior e uma superior. Todas as confianças apontam para a natureza confiável de nossa inteligência e para a nossa capacidade para reconhecer a verdade. Podemos também ver que Buddha está dizendo que o guia definitivo para o nosso caminho é a sabedoria, e não um conjunto fixo de formas culturais, rituais ou práticas.

Construindo a comunidade

CONSELHO DE CORAÇÃO DO BUDDHA

Antes do Buddha morrer, seus alunos perguntaram como deviam continuar a comunidade, que dependia de muitas regras de conduta, bem como nos ensinamentos para trabalhar com a mente. O Buddha disse que, depois que ele se fosse, a comunidade budista deveria continuar "de acordo com os tempos e a sociedade". Ele estava dizendo que a comunidade budista deveria mudar na medida do necessário, para se manter atual e se relacionar harmoniosamente com a sociedade. Esse é o conselho de coração do Buddha.

De forma a vislumbrar o caminho adiante, precisamos ver onde estamos agora, o que significa que precisamos enxergar a nossa cultura. Não se trata apenas de outro povo, com hábitos culturais e apegos, costumes e perspectivas próprios. É preciso reconhecer que a cultura existe dos dois lados. Não importa se viemos do lado asiático ou do lado americano, podemos ser como peixes nadando no oceano. Os peixes veem o que está no oceano, mas eles não veem a si mesmos ou a água em que estão nadando. Da mesma forma, podemos reconhecer facilmente os hábitos e costumes dos outros, mas permanecer cegos perante os nossos próprios. À medida em que ficamos mais conscientes do nosso ambiente cultural, começamos a ver como criamos o nosso mundo. Começamos a reconhecer como construímos a cultura e a identidade com a mente, e como a mente rotula e carimba tudo com valores. Reconhecendo essa conexão, vemos a própria água, o estado desperto sem um viés particular que permeia a nossa experiência. Precisamos desse tipo de clareza de forma a evitar nos tornemos meros importadores e exportadores de cultura. Pode haver mercado para tal, mas não é para isso que estamos aqui. Pode ser o nosso ganha-pão, mas não é o nosso caminho espiritual.

Como o budismo atual se desenvolverá, com o que ele vai se parecer? Se aceitamos o que o Buddha disse, podemos relaxar e deixar que, com o tempo, o budismo e as nossas várias culturas se misturem. Ainda assim o "visual" do budismo, as formas que surgem organicamente enquanto levamos a compreensão dele para a atividade humana, será diferente na Polônia e no Peru, por exemplo. Frequentemente, queremos saber se "estamos captando bem a mensagem?" Enquanto a essência do budismo, sua sabedoria, estiver no coração de qualquer forma cultural do budismo, essa forma é correta para aquele momento e lugar.

BUDISMO NA AMÉRICA

Poderíamos dizer que o budismo desenvolve sua identidade cultural madura de uma forma que é similar ao caminho espiritual de um indivíduo. Atualmente, o budismo americano está passando por esse processo. Primeiramente, houve um período de treinamento básico, quando todos estavam aprendendo o que era o budismo e como ser algum tipo particular de budista. Durante esse período, todos tendiam a seguir bem de perto as formas e práticas de suas escolas particulares. Ser um "budista americano" ainda não era a preocupação de ninguém. Grupos budistas estavam um tanto isolados da comunidade geral no início. Então, depois de algumas décadas, o budismo e os budistas começaram a se integrar mais com suas comunidades e a se parecer mais com elas. Hoje em dia, não é fácil descobrir quem é budista, apenas observando o que eles estão vestindo na rua. Estamos vivendo um período em que simplesmente somos quem somos e apreciamos o nosso jeito americano de ser neurótico ou desperto.

Parecemos estar naquele ponto em que o nosso budismo e o nosso americanismo se unirão. Se tudo der certo, ao darmos esse passo, superaremos o sectarismo cultural e espiritual, e nos tornaremos uma voz de razão e compaixão em nossa sociedade. O budismo tradicional e o nosso jovem budismo americano podem nem sempre parecer estar no mesmo passo. Isso pode causar algum atrito ocasional, mas os pais também se preocupam constantemente com os filhos, e os filhos sempre acham que sabem mais e que estão mais "ligados" do que os pais. Cada geração é nova e tem que fazer as suas próprias descobertas sobre essa jornada.

Quanto mais seguirem o seu próprio caminho, mais orgulhosos e respeitosos serão frente à história da família. É assim que é a vida em qualquer família, não é?

Então, aqui estamos, desafiando e sendo desafiados. Hoje, as organizações budistas já se transformaram em seu encontro com a cultura americana. Os alunos vão a centros de Dharma para aprender filosofia oriental e a prática de meditação, mas no momento em que passam pela porta, trazem a América com eles. Com a sua compreensão do gerenciamento de negócios, desenvolvimento organizacional, Direito e finanças, esses alunos estão ajudando a criar centros do Dharma saudáveis, democráticos e sustentáveis. Outros alunos estão conectando seus centros na internet, criando belo trabalho de *design*, traduzindo, publicando, conduzindo cursos e organizando eventos sociais. Um centro de Dharma não é necessariamente um lugar onde só há atividades contemplativas. Pode ser uma comunidade ampla para aprendizados de todos os tipos, com atividades sociais para os jovens e mais velhos, e para famílias com crianças. Isso é bem diferente das organizações tradicionais do Dharma, mas essa transição é extremamente importante para que o budismo seja viável na América.

Precisamos ver a face americana dos ensinamentos do Buddha na sociedade contemporânea. Isso também significa que precisamos reconhecer o que a sabedoria budista tem em comum com as outras tradições de sabedoria e com a sabedoria inata que é um direito de todos. Precisamos fugir dessa mentalidade que vê um tipo de sabedoria aqui e outro tipo ali. Meus alunos me dizem que leram algo ou viram um filme que os deixou muito animados, porque "é muito budista" sem ser budista. Eles estão constantemente me educando sobre a cultura americana. Enviam-me livros, *CDs* e *links* para sites. Não interessa se vem do Oriente ou do Ocidente, se é uma sabedoria antiga ou uma tecnologia de ponta. Se diz respeito a suas vidas, eles querem conhecer mais. Pode ser sobre como a mente opera, como ser mais ecológico ou como começar um negócio. Todos os dias me mostram como a vida mundana e a vida espiritual começam a se tornar uma coisa só. Estivemos falando sobre isso o tempo todo, mas botar isso em prática é outra coisa. Se pudermos superar a ideia de que a sabedoria é exclusiva de certo povo ou de certo grupo, o nosso mundo se expandirá drasticamente.

O BUDDHA NO PASSADO E AGORA

O que o Buddha estaria pensando e fazendo se ele estivesse vivo hoje? Ele provavelmente estaria falando com neurocientistas, físicos e teóricos dos estudos da consciência. Esses cientistas são quem hoje faz as perguntas que o Buddha fez muito tempo atrás, apenas que agora com a linguagem da biologia, da matemática e da filosofia. Se um encontro desse tipo ocorresse, poderíamos ouvir alguns interessantes novos ensinamentos do Buddha. E, por outro lado, poderíamos nos beneficiar do desenvolvimento de novas teorias científicas. Podemos nos perguntar que impacto os dados de pesquisa desses campos têm hoje sobre a nossa visão de mundo budista e sobre o que fazemos na almofada. Esse conhecimento não existia nessas formas, na época do Buddha. Por outro lado, que papel a ciência tem no momento onde os conceitos param, e as observações no laboratório e as medições se tornam impossíveis? De todo modo, o encontro da ciência e do budismo que ocorre hoje está produzindo um diálogo entre o Oriente e o Ocidente que é tremendamente rico e provocador. É um diálogo que continua a ampliar as fronteiras entre o conhecido e o desconhecido ou entre a verdade relativa e a absoluta. Não que se espere que a realidade mude como resultado disso, mas é certo que o nosso conhecimento sobre ela aumenta de forma drástica.

Ainda assim, o conhecimento que não é colocado em uso, a serviço da compaixão, beneficia apenas aqueles que detêm esse conhecimento, sendo um desperdício de sabedoria. Uma das maiores contribuições que podemos dar ao nosso mundo é aprender a viver em harmonia uns com os outros. Durante a sua vida, o Buddha se ocupou da criação de uma comunidade harmoniosa, e as centenas de regras monásticas que ele estabeleceu foram criadas não só para ajudar monges e monjas a atingirem sua própria liberação, mas também para promover condições de vida harmoniosas e não violentas. Nossas comunidades budistas modernas não são centros de retiro ou mosteiros, mas ainda assim podemos ter o mesmo objetivo, se não as mesmas regras.

Portanto quanto ao "de acordo com os tempos e com a sociedade", se o Buddha estivesse conosco hoje, ele estaria nos enviando para treinar em dinâmica de grupos, formação de equipes e resolução de conflitos. Ele poderia até mesmo nos enviar a psicólogos para nos ajudar a lidar com as nossas questões pessoais — de forma que ele não tivesse que ouvir sobre elas o tempo todo, e para prevenir que essas questões transbordassem para as vidas de nossas famílias e comunidades. Ser um bom meditador não significa, necessariamente, que possuímos as boas habilidades de comunicação ou interpessoais necessárias para nos darmos bem com os outros. Nunca desenvolveremos comunidades estáveis e harmoniosas se precisarmos constantemente dizer uns aos outros "não foi isso que eu disse!" Ao mesmo tempo, podemos levar a nossa compreensão dos benefícios da meditação e do treinamento de presença mental para esses sistemas educacionais.

O que quer que nos ajude a trabalhar com a nossa mente e com as nossas emoções, isso pode ser parte do nosso caminho, se incluído em nossa prática de presença mental e meditação. É tudo parte do aprendizado de sermos seres humanos despertos e conscientes que podem contribuir com algo de significativo para o mundo. Ao longo da história budista, as artes sempre foram consideradas uma forma importante de trabalhar com as emoções e ao mesmo tempo compartilhar a nossa experiência — a nossa felicidade e a nossa tristeza, as nossas alegrias e as nossas dores. Nossa mente é naturalmente criativa, embora, às vezes, bloqueemos essa criatividade. Quando nos treinamos em alguma arte, estamos aprendendo a aplicar um sentido de disciplina à nossas emoções e, ao mesmo tempo, cultivando a nossa criatividade e sabedoria intuitiva. Além disso, a arte que é desempenhada em um palco tem um poder especial de comunicação com uma plateia. Quando essa conexão é feita, as pessoas na plateia não estão separadas dos artistas. Elas se tornam também artistas, de certa forma. Um tipo de sincronização corpo–mente ocorre entre a plateia e os artistas no palco.

O ponto é que não importa qual é a nossa ocupação ou quais são os nossos interesses, fazemos do nosso caminho uma forma de vida, e fazemos de nossa vida uma base para expressar no mundo a nossa sabedoria e a nossa compaixão. O próprio Buddha não estava apenas interessado na verdade última e na liberação dos seres perante seus sofrimentos. Ele pensou profundamente sobre o bem da sociedade, e seus ensinamentos refletem a conexão entre o desenvolvimento do indivíduo e instituições sociais de todos os tipos. Ele ensinou que precisamos começar a nossa jornada espiritual trabalhando sobre nós mesmos e desenvolvendo o nosso próprio entendimento. Então, passo a passo, alcançamos um nível de realização no qual podemos abrir os nossos corações a todos os seres vivos. Dessa forma, o desenvolvimento progressivo do indivíduo se torna a base para o desenvolvimento da harmonia social e da coesão.

Em ensinamentos seculares menos conhecidos o Buddha descreveu um sistema de organização social baseado em princípios democráticos que é surpreendente no seu detalhamento e amplitude. Ele discutiu métodos para a eleição de um chefe de estado, sobre as qualificações de vários líderes e sobre os seus deveres frente a como cuidar de seu povo. Ele falou sobre como criar uma economia estável, que evitaria o desemprego e a falta de alimentos, e que forneceria abrigo e meios de comunicação adequados para os seus cidadãos. Ele até mesmo descreveu uma situação em que um governo deveria cuidar bem ou "salvar" certas entidades em más situações, cuja prosperidade fosse importante à saúde econômica de uma nação. Ele declarou que era a responsabilidade do estado educar seus cidadãos e superar o partidarismo, unindo as pessoas de crenças filosóficas e religiosas diferentes em um estado de verdadeira cooperação. Ele também discutiu a necessidade de um exército forte e vigilante para proteger a vida e a propriedade dos cidadãos do estado. E ele advogou pelo estabelecimento de um judiciário motivado e igualitário que imporia leis, ainda que de uma forma direcionada a melhorar a conduta dos criminosos. Em todas essas áreas os princípios nos quais se orientou foram a bondade, a compaixão, a generosidade e a ausência de eu.[8]

De acordo com o Buddha, somos fundamentalmente iguais, não importa a nossa posição social, riqueza, origem étnica, raça, gênero ou quem amamos. A única base de julgamento são as nossas ações. Portanto, no mundo budista, não há telhado de vidro a ser quebrado. Não haveria quotas de imigração ou cidadãos de segunda classe. Se as comunidades que estamos desenvolvendo não forem verdadeiramente abertas e inclusivas, elas não serão fortes, vibrantes ou duradouras. Por outro lado, não estamos tentando agradar a esse ou aquele âmbito demográfico, como políticos tentando ampliar a base. Não estamos visando obter uma maior fatia de mercado dos "interessados em espiritualidade", para preencher assentos em nossas programações ou para comprar as nossas camisetas. Não estamos buscando nada artificial. Estamos apenas tentando ser pessoas autênticas, que aspiram estender a mão ao mundo. Se isso não é suficiente, não há para onde ir como seguidores do Buddha — seja na América ou em qualquer outro lugar.

JOGANDO FORA AS NOSSAS ALMOFADAS CULTURAIS

Os pioneiros do budismo ocidental tiveram que superar certas barreiras, de forma a compreender essa "nova" tradição e praticá-la. Eles não só estavam se deparando com uma cultura estrangeira, eles também estavam encontrando, pela primeira vez, conceitos estranhos, como ausência de eu e vacuidade, que fazem pouco sentido para a mente ocidental. Mas eles disseram "sim" para a meditação e para o trabalho com o ego. Agora, cerca de 50 anos depois, é hora de mudar. Estamos presos a certo nível do nosso desenvolvimento espiritual. O que primeiramente nos despertou, agora quase não desvia a atenção de nossas ruminações. O que apoiava a nossa investigação sobre quem realmente somos, agora bloqueia a nossa realização disso. Atualmente, precisamos nos perguntar sobre como transpor tudo isso novamente. Desta vez, o desafio é romper com o apego a tudo o que nos trouxe até esse ponto — as culturas espirituais que respeitamos e imitamos tanto que acabaram se tornando outra armadilha para nós.

Você pode dizer: "Esse problema não é meu. Outro sujeito pode estar fazendo isso, mas eu não sou tão estúpido." Se a sua forma de enxergar as coisas fosse essa, eu lhe diria: "Olhe de novo." Coletivamente, ainda arrastamos formas e ideias velhas para o presente. Sem nem mesmo perceber, caminhamos pelas ruas usando roupas e parafernálias de um outro tempo e de um outro lugar — metaforicamente, pelo menos. A razão pela qual fazemos isso é ainda pensarmos que a espiritualidade "está lá". Não pensamos que a espiritualidade está bem aqui conosco, em nossa vida cotidiana. É por isso que sonhamos em ir para a Ásia ou em encontrar alguém tido como um guru.

Quando o Buddha despertou, ele estava sentado em uma almofada de grama, sob uma árvore na floresta. Ao redor dele, não havia nada particularmente sagrado. Ele não estava fazendo nada a não ser olhando para a própria mente, tudo o que ele tinha era a sua experiência na vida e a sua compreensão de como trabalhar com a mente. Além disso, suas únicas posses eram a sua determinação e a sua confiança de que ele poderia lidar com o que quer que ocorresse em sua mente, transformando tudo em um caminho de despertar.

Muitas vezes eu disse a alunos para saírem e meditarem — para sentarem em um banco de parque, respirarem o ar fresco e olharem o céu! É tão belo. Porém, muitos acham isso difícil, porque acham que não estão em uma "atmosfera de prática". Estão sem o seu altar, sem o seu Buddha, sem a sua almofada e as suas bíblias de meditação. Quando praticam em casa, não lhes ocorre que podem sentar em uma poltrona que sua avó lhes deixou ou em um travesseiro que compraram na IKEA. Eles pensam, "Preciso de um *zafu* japonês ou de um *gomden* tibetano, padronizado com as dimensões corretas, vindo diretamente de um revendedor de apetrechos de meditação. Sem isso não consigo meditar!" Nesse caso, acho que o tempo que passamos em um supermercado, dirigindo um carro ou fazendo qualquer outra coisa seria inferior ao tempo que passamos realizando a nossa prática "real" na sala de meditação. Por favor, explique-me qual é a diferença entre a sua mente de motorista, a sua mente de consumidor e a sua mente sentada na almofada? Você tem emoções ou pensamentos diferentes?

Quando adotamos muitos aspectos da cultura de que estamos aprendendo, podemos começar a nos sentir pressionados por ela. Paramos de nos relacionar com as situações de uma forma direta. Em vez disso, passamos a nos relacionar com o que está acontecendo à nossa frente através de um filtro de regras. Especialmente na sala de prática, possuímos regras tácitas. Se não seguimos essas regras, nós ficamos extremamente desconfortáveis. O professor entra, nós nos curvamos.

Isso é uma regra. Ficaríamos chocados se nos pedissem para fazer algo diferente. Sentiríamos como se estivéssemos fazendo algo errado. Ainda assim, não encaramos a pessoa que está entrando. Não fazemos contato com essa pessoa, porque pensamos: "Ah, é um grande ser reencarnado. Foi reconhecido antes de nascer e treinado desse ou daquele jeito." Isso é só uma bobagem conceitual nossa.

Se nos parecemos com budistas, e falamos como budistas e sentamos em almofadas como todos os outros budistas, então, automaticamente achamos que estamos seguindo os ensinamentos do Buddha. Mas esses conceitos todos estão nos afastando da total simplicidade do exemplo e da mensagem do Buddha. Fazemos o que estamos fazendo apenas para acordar, apenas para nos libertarmos. Qualquer forma que usamos é apenas um apoio para realizar isto. Podemos executar milhares de rituais perfeitamente, mas eles não têm sentido algum e não trariam nenhum benefício, se não os conectamos com o nosso coração. Se não desenvolvemos a nossa consciência na vida cotidiana, estamos perdidos.

Uma linhagem autêntica de budismo ocidental ou americano, dentro de qualquer cultura particular, só pode se desenvolver quando temos uma conexão direta com os ensinamentos — uma conexão que seja pessoal e vivencial, que nos leve a olhar para a nossa própria vida e para a nossa própria mente. Isso só é possível ao rompermos com as camadas de obstáculos que criamos a partir dessas tradições culturais. Não estamos falando apenas sobre mudar de uma forma para outra. Isso não é mudança. Isso seria como uma corporação comprando outra, como a Visa adquirindo a MasterCard, o que apenas implicaria nas contas chegando com um logotipo diferente. Não estamos falando sobre simplesmente ignorar todos os aspectos da cultura espiritual asiática, e esperar disso algo que possa se tornar o budismo ocidental. Não é ignorando as formas de outra cultura que desenvolvemos a nossa própria tradição.

O que nos liberta desse bloqueio? O que rompe os nossos obstáculos psicológicos? Precisamos da coragem do nosso coração de buddha rebelde para saltar além das formas, ir mais fundo em nossa prática e descobrir um jeito de saltar além das formas, de ir mais fundo em nossa prática e descobrir um jeito de confiarmos em nós mesmos. Precisamos nos tornar guias de nós mesmos. Afinal de contas, ninguém mais poderá nos conduzir pelas paisagens de nossa vida. Quando nos erguemos dessa forma, não estamos isolados de tudo que veio antes de nós. O passado pela primeira vez se torna um apoio verdadeiro, em vez de ser apenas um peso. Somos avivados por sua energia e sabedoria, e ainda assim seremos nós a navegar o espaço aberto à nossa frente. É uma aventura. O que fazemos tem finalidade e sentido: as nossas descobertas nos levam a um sentido verdadeiro de liberdade e, em um dado momento, tornam-se suportes para outros viajantes. É desse jeito que desatamos os nós que nos prendem e desenvolvemos uma tradição verdadeiramente contemporânea e relevante, bem como as formas de sua manifestação.

Se não conseguirmos fazer isso, talvez seja melhor começarmos do zero. Podemos jogar fora todas as almofadas e armadilhas espirituais, inclusive o apego que sentimos pela nossa identidade como budistas, e começar sentando em uma sala vazia com paredes completamente brancas. Isso pode parecer extremo, mas o outro extremo já é realidade — aspectos culturais demais! Nesse momento, pode parecer melhor pular completamente para o outro lado, o extremo de "nenhuma cultura" e, então, vagarosamente voltar a um ponto médio. Se nos movimentarmos do nosso apego extremo à cultura para um lugar onde a cultura e o desapego podem coexistir, sempre poderemos interpretar: "Sim, estou sentado na minha sala de prática. Sim, me curvo quando entro e saio. Mas não tenho apego a nada disso." É difícil romper com os velhos hábitos. Sempre voltamos ao nosso confortável apego. É muito fácil retornar para aquele ponto e interpretá-lo como sendo uma zona livre de cultura. Porém, se nos jogamos no outro extremo, não há espaço para a interpretação, porque não há nenhuma forma a que se apegar. Não temos que nos preocupar com ficar presos ali, porque as nossas tendências habituais começaram a nos puxar de volta na outra direção, como um imã poderoso. Podemos ir e voltar dessas posições por um tempo, mas uma hora a oscilação entre estes dois polos diminui de velocidade e para no meio. Esse enfoque leva a descoberta do caminho do meio.

Foi exatamente isso que o Buddha fez, há muito tempo atrás. Sua descoberta de um caminho do meio além de todos os extremos levou a sua conquista final, sua liberação perante todos os enganos em um espaço de pleno despertar. Podemos nos lembrar de seu exemplo e tentar segui-lo. É por isso que temos uma imagem do Buddha onde praticamos a meditação e a observação direta da mente. O Buddha não é um objeto de culto, mas de inspiração. Lembrar-se dele é como olhar para um espelho. Olhamos para espelhos todos os dias para nos pentear, fazer a barba, colocar maquiagem. Mas, nesse caso, estamos olhando para ver quem realmente somos, a face da nossa iluminação. Olhar dessa forma produz uma mensagem. É como dizer a nós mesmos: "Sim, você também é um buddha. Você tem o mesmo potencial iluminado. Você pode acordar a qualquer momento, exatamente como o Buddha Sakyamuni e como tantos outros." Portanto, quando nos lembramos do Buddha, o que estamos fazendo é tentar ver a nossa natureza desperta. Estamos tentando ver como todos esses ensinamentos existem em nossa vida cotidiana: receber aulas de piano, levar as crianças para a escola, caminhar para casa vindo de um bar ou nos fechar em um retiro durante três anos — tudo isso é igual.

Lembramo-nos do caminho que leva a esse despertar, ao nos recordarmos dos ensinamentos do Buddha, e também nos lembramos da linhagem de pessoas que trilharam esse caminho — e das que estão nele, neste momento —, até a nossa iluminação. Quando nos recordamos deles, isso nos dá coragem, porque vemos que a iluminação não é apenas um evento histórico que aconteceu uma só vez, milhares de anos atrás. A iluminação é viver hoje na forma dos grandes professores e comunidades de praticantes dedicados, orientais e ocidentais. Eles também são espelhos da iluminação, nos quais vemos a nossa face. Quando os vemos dessa forma, vamos além da dualidade. Naquele momento de abertura, não há sujeito ou objeto, não há diferença entre as suas mentes e a nossa mente, entre a sua iluminação e a nossa iluminação. As duas coisas se tornam uma só.

Nota da editora

BUDDHA REBELDE é o resultado da reunião de duas séries de palestras sobre Dharma e cultura, apresentadas com quase dez anos de distância uma da outra. As primeiras palestras foram concedidas por Dzogchen Ponlop Rinpoche no outono de 1999, para a *sangha* do Nalandabodhi, em Boulder, Colorado. Surpreendentemente diretas e coloridas, elas desafiaram a jovem *sangha* a "ir além" das meras formas culturais de prática espiritual, para o reconhecimento da sabedoria livre de forma que está em seu cerne. Uma década mais tarde, no verão de 2008, Rinpoche se dirigiu a uma vasta congregação de seus alunos do Nalandabodhi no Nalanda West, Centro para o Budismo Americano, em Seattle, Washington. Ao longo de um período de dez dias, ele descreveu a jornada espiritual budista em termos tão comuns e livres de vocabulário budista que levou alguns dias para aqueles lá presentes perceberem o que estavam ouvindo: uma descrição precisa da jornada espiritual, que se focava na experiência interna daquele que a segue, e não em seus fundamentos filosóficos. Essas palestras lembravam a excitação e o espírito de comunicação direta das de Boulder, e foi uma questão de meses até ser tomada a decisão de combinar as duas em forma de livro, e *Buddha rebelde* nascer.

Rinpoche atuou diretamente no processo editorial, do início ao fim. Ele guiou a organização geral do livro, começando com o desenvolvimento da estrutura. Os conteúdos das duas séries de palestras foram suplementados com excertos de outros ensinamentos de Rinpoche, em particular certas descrições da natureza da mente e das instruções de meditação, que foram concedidas em momentos diferentes. Devido à agenda de viagens de Rinpoche, enviei a ele por *e-mail* cada versão do livro. De tempos em tempos, li para ele partes do livro ao telefone — ou pessoalmente, caso ele estivesse em Seattle. Durante essas leituras, ele indicava mudanças, fazia correções e algumas vezes ditava algum texto adicional. Fazia isso tudo muito rapidamente, aparentemente sem pensar muito. Invariavelmente, ele insistia que a linguagem do livro deveria ser a fala comum da vida cotidiana, de forma que todos aqueles interessados em um caminho espiritual conseguissem pegá-lo para ler e obter algo dele.

Além disso, durante o trabalho com o manuscrito, Rinpoche não só falou muito sobre cultura e Dharma comigo mesma e com outras pessoas, mas também se deleitava em apontar o Dharma genuíno que está naturalmente presente em nossas vidas cotidianas, bem como o espantalho de Dharma fajuto que ele, vez ou outra enxergava, quando adotávamos as nossas máscaras de "bons budistas". Em resposta a um aluno, ele podia apresentar um poema recém composto, uma citação de Albert Einstein ou de Jimi Hendrix, ou uma faixa de rock de seu iPod. Trocas de todos esses tipos — diretas, indiretas e enigmáticas — ajudaram a moldar e informar os conteúdos desse livro.

Depois de passar mais ou menos um ano — o que não é muito tempo para criar um livro — lendo e organizando este ciclo de ensinamentos, ainda estou impressionada com a enorme quantidade de informação contida em tão poucas palavras: uma contemplação sobre a cultura, uma descrição completa do caminho budista, conselhos cuidadosos e encorajamentos sobre como construir uma comunidade budista e estabelecer uma linhagem genuína de despertar no Ocidente, espiritualmente fértil. Estou enormemente grata para com Rinpoche por esses ensinamentos e pela oportunidade de trabalhar com eles. Fico extremamente feliz de vê-los se espalhando no mundo.

Cindy Shelton
Nalanda West, Seattle, Washington

Agradecimentos da editora

Estou grata aos muitos indivíduos que, coletivamente, criaram as condições auspiciosas para a manifestação do *Buddha rebelde*, a contemplação única e inspiradora de Dzogchen Ponlop Rinpoche sobre a jornada espiritual budista e sobre o seu encontro com o Ocidente. Em primeiro lugar, são devidos agradecimentos aos alunos do Nalandabodhi, a rede de centros de meditação e estudo do Rinpoche. Rinpoche apresentou esses ensinamentos, pela primeira vez, no Nalandabodhi, em Boulder, Colorado, e em Seattle, Washington, e membros do Nalandabodhi gravaram, transcreveram e arquivaram todas as palestras. Pat Lee, Dave Vitello e Robert Fors gravaram os ensinamentos, em Nalanda West, Heather Chan e Megan Johnston os transcreveram, e Ayesha e Collin Rognlie mantêm o arquivo de Rinpoche. Também agradeço a Heather Chan e Gerry Wiener, que gentilmente tornaram disponíveis as suas extensas anotações das palestras de Seattle. Sou especialmente grata à contínua ajuda e aconselhamento dos excelentes professores e tradutores do Nalandabodhi, em particular a Tyler Dewar, que ofereceu sensatas sugestões editoriais, e a Karl Brunnholzl, que deu o seu "apoio técnico" na forma de orientação acadêmica. Também deixo aqui o meu apreço por Michael Miller e Diane Gregorio, os diretores do Nalandabodhi, por sua ajuda e assistência em tornar o trabalho de Rinpoche disponível para o mundo.

Uma menção especial é devida a Ceci Miller, com quem estarei sempre endividada por sua ajuda editorial. Ceci revisou e comentou cada versão do manuscrito, com inteligência, sensibilidade e com uma incrível rapidez. Ela ajudou *Buddha rebelde* a se tornar o livro que esperávamos que fosse. Também estou grata a Dennis Hunter, por suas leituras detalhadas do texto e inteligentes sugestões editoriais. Agradeço a Stephanie Johnston, uma professora informada e confiável, por seus valiosos comentários. Com relação à manutenção do ambiente de trabalho e sábios conselhos, agradeço a Mary Chung, Carlos Ferreyros, Marty Marvet, Lynne Conrad Marvet, Tim Walton, Midori McColskey e Mark Power. Também um agradecimento especial a Robert Fors, por suas bondades diárias e pelo apoio às atividades de Rinpoche.

Agradeço a William Clark, por agenciar o livro de Rinpoche com habilidade e com graça. Sou grata a Peter Turner e a Sara Bercholz, da Shambhala Publications, por seu apoio a este livro e pela confiança depositada. Foi um grande prazer trabalhar com a editora do Rinpoche na Shambhala, Emily Bower. Tenho muito a agradecer a Emily, por suas incontestáveis capacidades editoriais, e por sua paciência, encorajamento e orientação.

Meus agradecimentos mais sinceros a Dzogchen Ponlop Rinpoche, que guiou o desenvolvimento deste livro a cada passo e continua a me ensinar as grandes lições na vida — sendo uma delas dar importância aos detalhes. Seja nos livros ou em nossas vidas espirituais, que não percamos nada de vista! Podemos nos surpreender com o que vai nos despertar. Finalmente, obrigado ao buddha rebelde, que estava por trás disso tudo desde o início e que permanecerá conosco até o fim.

Cindy Shelton

Apêndice 1

INSTRUÇÕES PARA A PRÁTICA DE MEDITAÇÃO

A PRÁTICA DE meditação é basicamente um processo de conhecer a si mesmo por meio da familiarização com a própria mente. A visão budista da mente é de que ela está sempre desperta. Sua natureza é a compaixão e o estado de consciência pura. Para descobrir e vivenciar a natureza da mente de maneira plena, o Buddha ensinou vários métodos de meditação. Não importa que prática de meditação realizemos, todas visam a aumentar a nossa presença mental e a nossa consciência, aumentar o nosso sentido interior de paz e também melhorar a nossa capacidade de lidar com as nossas emoções.

A meditação do tranquilo permanecer ou *shamatha* é uma prática que nos ajuda a desenvolver um estado mental pacífico, junto com a capacidade de permanecer nesse estado pacífico por períodos de tempo cada vez maiores. Nossa mente costuma ser um rodamoinho de pensamento, então "paz" significa acalmar a agitação mental e o estresse causado por esse rodamoinho.

Não só a nossa mente está ocupada com pensamentos, como também os nossos pensamentos geralmente se dirigem para a frente ou para trás, enquanto revivemos eventos passados ou obsessivamente imaginamos o futuro e nos preparamos para ele. Geralmente, não vivenciamos o momento presente. Enquanto esse processo continua, a nossa mente nunca repousa. É difícil sentir qualquer contentamento ou satisfação, quando se vive em um passado lembrado ou em um futuro que, em sua grande parte, é projeção ou especulação. Se tentarmos atingir o momento que imaginamos, já estamos nos preparando para um outro futuro — um futuro maior e mais brilhante.

A primeira forma de tranquilo permanecer, a meditação em posição sentada, esfria ou diminui a velocidade desse rodamoinho de pensamento. Ao longo do tempo que praticamos a meditação em postura sentada, a mente começa a naturalmente se acomodar em seu estado de repouso, que nos permite ser completamente presentes em nossa vida. Quando não estamos sendo puxados para o passado ou para o futuro, podemos relaxar e começar a verdadeiramente vivenciar o momento presente.

A meditação também nos ajuda a ser bem-sucedidos nos outros dois tipos de treinamento — disciplina e conhecimento superior. Todas as três dependem da nossa capacidade de nos focar em nosso caminho, ver claramente o que estamos fazendo e compreender por que o fazemos. Praticamos todos os três treinamentos de forma a podermos nos libertar dos padrões habituais e enganos que nos fazem sofrer e mantêm esse sofrimento vivo.

A seguir, instruções para uma postura de meditação recomendada e para três tipos de meditação em postura sentada — duas baseadas em observar a respiração e uma baseada em observar um objeto externo.

MEDITAÇÃO EM POSTURA SENTADA

Para começar uma sessão de meditação em postura sentada, é preciso em primeiro lugar um assento confortável. Pode-se usar qualquer almofada firme o suficiente para apoiar uma postura correta. Pode-se também sentar em uma cadeira. O ponto principal é ter uma postura ereta, mas relaxada, de forma que sua coluna fique reta. Sentados em uma almofada, cruzamos as pernas confortavelmente e, ao sentarmos em uma cadeira, colocamos os pés com as plantas assentadas no chão. Os olhos podem ficam entreabertos, com o olhar direcionado ligeiramente abaixo e voltado para uma curta distância à frente. O ponto mais importante é manter uma postura tanto reta quanto relaxada. A posição do seu corpo tem um efeito muito direto e poderoso sobre a mente. Uma postura correta permite que a mente repouse naturalmente em um estado calmo e pacífico, enquanto uma postura desleixada dificulta o repouso da mente. Quando já estiver sentado confortavelmente, o ponto principal é se manter totalmente presente. Em outras palavras, plantamos os dois pés (mentalmente falando) em nosso estado de concentração — sem ficar meio aqui e meio ali. Sua prática é mais fácil e mais relaxante se você oferece a ela a sua atenção plena.

Seguir a respiração

Há muitos métodos para colocar a mente em um estado de concentração. Descreverei três métodos comuns, começando com a prática de seguir a respiração. Para começar, sente na postura de meditação e preste atenção na sua respiração. Não há muito mais o que fazer. A respiração deve ser natural, estável e relaxada. Não há necessidade de alterar a forma normal de respirar. Sendo assim, coloque a atenção sobre a respiração, focando a entrada e saída de ar na ponta do nariz e na boca. Há uma sensação de estar mesmo sentindo a respiração, sentido o movimento.

Ao fazer essa prática, não estamos apenas assistindo a respiração. Aos poucos nos estabelecemos na prática, e começamos a nos tornar a respiração. Sentimos a respiração enquanto expiramos e nos unimos com isso. E, novamente, quando inspiramos, nós nos unimos a isso. No fim da expiração, deixamos a mente e a respiração se dissolverem no espaço à frente. Permitimos um intervalo. Largamos. Largamos a experiência completamente e relaxamos nesse espaço. Então, quando o corpo está pronto, inspiramos naturalmente. Não há nenhuma pressa em fazer a nova inspiração. Colocamos a mente no ar, enquanto inspiramos, sentimos o ar e relaxamos nesse espaço.

Se a mente se distrai com pensamentos, misturamos a mente com a respiração de novo. Permanecemos unifocados, principalmente na expiração. O que significa uma concentração "unifocada"? Imagine que você está caminhando com uma pequena tigela de óleo quente na cabeça e alguém lhe diz: "Se você deixar cair uma só gota desse óleo, eu corto sua cabeça!" Nesse caso, certamente nos focaríamos em não derramar o óleo. Estaríamos 100% no momento presente. Isso é concentração unificada. De todo modo, o ciclo se repete: expiração, dissolução, intervalo e inspiração. Enquanto seguimos desse jeito, começamos a sentir uma unidade natural de respiração e mente.

Enquanto começamos a relaxar, podemos apreciar a nossa respiração. Apreciar a nossa respiração significa apreciar o agora, o momento presente. Respirar só ocorre no presente. Expire. O momento se foi. Inspire. Chegou outro momento. Apreciar a respiração também inclui apreciar o mundo, a nossa existência, o ambiente todo e estar contentado com a própria existência. Inclui tudo isso, mas falando de forma básica, significa apreciar o presente. Estamos presentes quando apreciamos. Não há dúvida sobre isso. Quando inspiramos, só relaxamos e sentimos a respiração, apreciamos o presente. Isso é a meditação com a respiração de uma forma geral. Estamos apenas inspirando e expirando, mas é uma prática muito poderosa.

Contar a respiração

Quando ocorrer de a mente ficar nublada ou esquecida e o sentido de agora não estiver presente, é possível trazer mais precisão à mente com uma simples prática chamada "contar a respiração". Para fazer essa prática simplesmente se observa a respiração e se conta cada ciclo de inspiração e expiração como uma respiração. Podemos começar contando os ciclos de respiração de um até dez. Se percebemos que a nossa mente se distraiu com um pensamento, quando contamos até três, por exemplo, começamos novamente. Mantemos isso esse processo, até conseguirmos contar de um a dez, sem distração. Podemos também aumentar a contagem — até cem, se quisermos. Não importa o que decidirmos, seguimos a ideia de estarmos totalmente presentes. Contar dessa forma fortalece a memória e aumenta a precisão da presença mental. É um antídoto natural para o esquecimento, porque a presença mental significa "não esquecer" de estar presente.

Focar no mundo exterior

Podemos também praticar a meditação do tranquilo permanecer ao nos focarmos em um objeto visual. Nesse caso, é tudo igual à prática de meditação em postura sentada, exceto que a atenção muda de uma experiência puramente interna e corporal e se conecta com um objeto no mundo exterior. Podemos usar qualquer objeto que quisermos: uma flor, uma pedra ou o controle remoto. Podemos também usar uma imagem ou estátua do Buddha. O que quer que escolhamos, o melhor é focar apenas um ponto de cada vez. De outra forma, o nosso foco não será claro. Esse ponto se torna o nosso foco primário de atenção e a nossa respiração se torna secundária.

A princípio podemos não ver muito propósito em olhar para objetos assim durante a meditação, especialmente se olhamos para objetos sem nenhum sentido particular, como uma caneta ou uma pedra. Porém esse treinamento é muito importante e prático, porque quando saímos da sessão de meditação, vivemos o tempo todo em um mundo dos sentidos, no meio de um campo de percepção que muda o tempo todo. Porque esse método trabalha diretamente com os nossos sentidos, ele ajuda a levar a nossa experiência meditativa para o mundo. Uma vez que tenhamos trabalhado com objetos visuais, podemos repousar a mente em sons, cheiros, gostos ou sensações tácteis. Essas, porém, são mais difíceis de usar no início, porque são menos substanciais, então começamos trabalhando com objetos visuais.

Esse tipo de meditação pode ser praticada com qualquer objeto a qualquer momento. Podemos praticar enquanto vamos para o trabalho, no ônibus ou no metrô. Enquanto os outros passageiros, que evitam o contato visual com estranhos, estão fitando a sujeira no chão ou olhando para as pichações nas paredes, podemos fazer o mesmo com a finalidade de aumentar a nossa consciência e a nossa paz. O ponto é que podemos trazer um sentido de clareza e relaxamento para a nossa experiência, não importa onde estivermos ou o que estejamos fazendo.

Quando ampliamos a nossa consciência para o mundo dessa forma, isso afeta não somente a nossa experiência de um objeto, mas também as nossas interações com aquele objeto. Normalmente, quando vemos algo, ganhamos consciência de sua cor e formato, respondemos gostando ou não gostando e associamos esse objeto, através da memória, com outros objetos, pessoas e momentos. Meditar sobre objetos externos leva a uma percepção mais clara desses pensamentos e emoções. Treina-nos a permanecer presentes em nosso mundo interno e externo ao mesmo tempo. Isso significa estar na presença de uma vasta gama de experiências do momento presente. Quando respiramos, isso acontece no agora. Quando vemos um objeto, isso acontece no agora. Pensamentos e emoções também existem apenas no momento presente. A respiração de ontem não está mais aqui. O pensamento de hoje à noite não está aqui. A imagem que você está olhando em qualquer dado momento é uma imagem do presente, do agora.

Praticar meditação dessa forma começa a causar uma sincronização de corpo e mente. Nossa experiência dos mundos físico e mental se torna mais equilibrada. Essa sincronização causa um sentido de totalidade: não há barreira entre mente e mundo, entre a nossa consciência e aquilo de que estamos conscientes. Isso causa um sentido de pacificação, estabilidade e traz uma qualidade de estado desperto para os estados nebulosos e agitados da mente. Podemos chegar até esse ponto por qualquer desses métodos. Podemos usar a nossa respiração, uma caneta, a imagem do Buddha, a foto de seu namorado ou de sua namorada, ou a foto do seu cachorro ou do seu gato. Não importa o que, desde que a mente consiga repousar nesse objeto.

Pensamentos

Durante a nossa prática, a tagarelice da mente indubitavelmente se abrirá e teremos muitos pensamentos. Alguns parecerão mais importantes do que outros e se tornarão emoções. Alguns estarão ligados a sensações físicas — dor no joelho, nas costas ou no pescoço. Algumas dessas coisas parecerão muito importantes, coisas que não podem esperar. Esquecemo-nos de responder a um e-mail muito importante, precisamos ligar para alguém, esquecemo-nos do aniversário de nossa mãe. Esses tipos de pensamento surgirão, mas, em vez de saltar da almofada, tudo que temos que fazer quando estamos praticando meditação é reconhecê-los. Quando eles nos tentam com distração, apenas dizemos: "Estou tendo um pensamento sobre esquecer o aniversário da mamãe." Simplesmente, reconhecemos o nosso pensamento e o abandonamos. Quando estamos sentando, tratamos todos os pensamentos igualmente. Não damos mais peso a uns pensamentos do que a outros, porque quando fazemos isso, a concentração se solta ao ponto de se perder.

Certa vez, comprei uma camiseta em um aeroporto porque eu estava viajando há muito tempo e precisava trocar de roupa. Achei uma camiseta de uma cor bonita, azul escura, e a coloquei sem prestar muita atenção. Então, quando eu estava sentado no avião, vi que ela tinha nela um peixe desenhado, com uma frase ao longo da manga: "Capture e solte." Isso me fez me sentir muito bem. Foi como uma mensagem do Universo. De alguma forma eu estava vestindo instruções de meditação, de trabalho com a mente. Foi esse o meu ensinamento naquela viagem, e podemos usar essa frase em nossa prática: capturamos os nossos pensamentos e os soltamos. Não precisamos bater na cabeça deles e tentar matá-los antes de devolvê-los. Simplesmente, reconhecemos cada pensamento e os deixamos ir.

Os pensamentos precisam receber menção especial, porque tendemos a esquecer de que a prática de meditação é a experiência dos pensamentos. Podemos pensar que a meditação devesse ser totalmente livre de pensamentos e totalmente pacífica, mas isso é um equívoco. Isso é mais o resultado final do caminho do que o próprio caminho, que é um processo de nos relacionarmos com qualquer coisa que apareça. Essa é a parte da "prática" quando falamos em prática de meditação. Quando um pensamento aparece, vemo-lo, reconhecemos sua presença, deixamo-lo ir e relaxamos. Fazemos isso aos poucos. Assim, repousar a mente na respiração ou em um objeto sempre se alterna em nos distrairmos deles. A presença mental nos leva de volta ao presente e a um sentido de atenção ou concentração. Podemos fortalecer o nosso poder de concentração com a prática repetida, da mesma forma que fortalecemos os músculos do nosso corpo nos flexionando, quando fazemos exercícios. O que dá à nossa mente a capacidade de flexionar a nossa atenção e deixá-la forte é a respiração. É por isso que a respiração é tão importante na meditação.

Lembre-se: estamos trabalhando com a mente, e ela se conecta com muitas condições diferentes que nos afetam de formas variadas e imprevisíveis. Assim, não devemos esperar que a nossa meditação seja sempre a mesma o tempo todo ou que o nosso progresso siga um curso linear específico. Não devemos nos desencorajar pelos altos e baixos na prática. Em vez de vê-los como sinais de que a nossa prática não tem jeito, eles podem nos ajudar a ver a necessidade da prática e por que ela ajuda tanto.

Leva tempo desenvolver um estado forte de concentração. Em um determinado ponto, porém, a nossa mente vai ficar onde a colocamos. Meditar e desenvolver essa força mental não é apenas uma atividade boa, espiritual. É, na verdade, de grande ajuda para qualquer coisa que queiramos aprender ou realizar. Quando a nossa mente fica mais calma por meio da prática de meditação, vivenciamos cada vez mais o que está acontecendo, momento a momento. Começamos a ver que a nossa vida — nossa vida verdadeira — é bem mais interessante do que os nossos pensamentos sobre ela.

MEDITAÇÃO ANALÍTICA

Depois de desenvolver alguma estabilidade mental na meditação em postura sentada, podemos começar a adicionar sessões de meditação analítica em nossa prática. A meditação analítica é uma prática de contemplação. Pensamos intencionalmente sobre algo que é significativo para nós e, ao mesmo tempo, examinamos a forma com que normalmente pensamos a respeito disso. Especificamente, olhamos para uma crença particular que detemos e examinamos a lógica que a apoia, de forma a reconhecermos se o raciocínio é correto. Quando fazemos isso, estamos usando o pensamento como uma ferramenta para investigar as crenças e, quanto mais trabalhamos com essa ferramenta, mais afiada ela fica. Dessa forma, a nossa mente geralmente imprecisa e confusa desenvolve, em um determinado ponto, graus extraordinários de clareza e destreza. Muitas pessoas gostam desse tipo de prática, porque de certa forma, é como um jogo. Estamos driblando a estratégia do ego, que conta em nossa crença contínua em sua existência para que continuemos nos apegando a ele. A meditação analítica é uma prática que está associada com o terceiro treinamento, o do conhecimento superior, devido a seu poder de provocar *insights* profundos. Tais *insights* nos levam além da análise ou da compreensão conceitual, até uma percepção direta da verdadeira natureza da mente.

Em certo sentido, a meditação analítica é como uma conversa consigo mesmo. Começamos a conversa ao escolher um tópico que nos interessa e então nos perguntamos algo a respeito disso. É importante começar com uma pergunta real, uma que faz diferença para você. Perguntar se os Beatles ou os Rolling Stones são a maior banda de todos os tempos não serve. Resolver essa questão pode ser interessante, mas não nos ajudará de forma alguma a acabar com o nosso sofrimento. Porém, uma questão do tipo "há um eu que exista de verdade?" é boa e a resposta que obtemos por nós mesmos pode fazer toda a diferença em nossas vidas.

Em um sentido último, tentamos descobrir com essa conversa o que temos tomado por "eu". Ao mesmo tempo, examinamos os nossos próprios conceitos e o nosso raciocínio. Por exemplo, por que assumimos que um "eu existe"? Se ele existe, onde ele está, do que ele é feito? Nós tomamos como certo que somos seres racionais e lógicos. Porém, na meditação analítica, descobrimos buracos e problemas com a nossa lógica, e muitas de nossas presunções não se sustentam.

A orientação mais importante é sermos honestos com nós mesmos. O que realmente pensamos, o que realmente sentimos, o que realmente vemos? Se pudermos nos manter simples e verdadeiros, faremos algumas descobertas inesperadas. Como no programa norte-americano de televisão *CSI*, seguimos onde as evidências nos levam. As instruções de meditação a seguir são exemplos de presunções comuns e formas de analisá-las.

Instruções para a prática

Para começarmos uma sessão de meditação analítica, assumimos a postura e relaxamos a mente, exatamente como na meditação sentada. Muito cuidadosamente, trazemos à tona um pensamento ou uma questão a ser analisada. Tentamos manter foco na questão. Se a nossa mente começar a vagar de pensamento em pensamento, sem chegar a lugar algum, paramos e voltamos a seguir a respiração por um curto período. Quando a mente se acalma, retomamos a análise anterior, do ponto onde estávamos — não precisamos voltar para o início. Ao final da sessão, é bom sentarmos novamente em silêncio, sem realizarmos análise alguma, durante vários minutos. Ao praticarmos a mesma questão por algum tempo, ela começa a permear o nosso ser. Ela segue trabalhando no fundo da mente. A resposta pode vir quando estivermos escovando os dentes ou no chuveiro, ou em um acesso de raiva ao nos depararmos com a conta telefônica.

A conversa: Isto sou eu

Podemos começar a nossa análise trazendo para a nossa mente algo que Buddha tenha dito. Por exemplo: "Embora todos digam que têm um eu verdadeiramente existente, esse eu é imaginário." Então, podemos pensar: "Embora Buddha seja uma fonte confiável e eu respeite sua sabedoria, ainda sinto como se tivesse um eu. Não faz sentido para mim dizer que não há um eu, vai contra a minha experiência. Aqui estou eu. Isso sou eu. Sou a mesma pessoa que era ontem, que era no dia anterior a ontem, no ano passado, 20 anos atrás e 30 anos atrás. No futuro me aposentarei e viajarei pelo mundo."

Se examinamos essas afirmações, podemos nos perguntar: "Se sou o mesmo eu que era quando criança, como adulto e como um aposentado na velhice, então, o que é que permanece igual? O meu corpo permanece igual? A minha mente permanece igual? Se eu digo que, embora o meu corpo não seja o mesmo, a minha mente é a mesma mente, então, o meu eu criança sabia de tudo o que eu sei agora? A memória de uma criança é a mesma memória que eu tenho agora?"

Seguindo dessa forma com a ideia "sou a mesma pessoa", há duas hipóteses relacionadas que podemos explorar: identidade e permanência. A permanência é necessária para um eu? Quando olhamos ao redor neste planeta e em todo o universo que vivemos, vemos alguma coisa que seja permanente? Logicamente, dizer que algo é permanente significa que sempre existiu, que nunca cessará de existir e que nunca muda de forma alguma. Se muda, não é mais a mesma coisa e, portanto, não é permanente.

Então, podemos pensar: "Ainda assim, quando eu digo 'isso sou eu', eu sei a que estou me referindo. Há claramente um eu que é uma coisa, que se refere a mim e não a alguma outra coisa ou alguém." Mas, então, nos perguntamos: se isso é verdade, o que é essa coisa? É o corpo, a mente ou algo mais? Se dissermos que é apenas o corpo, temos problemas, porque o eu passa a não ter mente — o órgão que é o cérebro deixa de ter consciência. Se dissermos que é apenas a mente, o eu deixa de estar ligado ao corpo. Claramente, não é algo separado dessas duas coisas. Podemos, então, pensar o que deve ser o corpo e a mente juntos. Se dizemos isso, porém, temos que decidir se o corpo e a mente contam como uma coisa só. Se são uma coisa só, são a mesma coisa, pois de outra forma, são duas coisas. Então, perguntamo-nos: "De que forma o corpo e a mente podem ser a mesma coisa?" Ao investigarmos, talvez só encontremos diferenças. Uma delas é material e a outra é imaterial. Um corpo não pensa e uma mente não come ou caminha pelo mundo. Já que o eu não pode ser corpo ou mente por si só, tem que ser ambas as coisas. E já que corpo e mente não são a mesma coisa, não podem ser chamados pelo mesmo nome. Portanto, o eu tem que ser mais de uma coisa.

Podemos desenvolver uma linha de pensamento nesse estilo e, então, examiná-la para ver se ela se mantém. Desafie o seu próprio pensamento. Nesse momento, podemos ir adiante e procurar pelo eu, porque tanto o corpo quanto a mente possuem várias partes de que são compostos, nenhuma das duas coisas sendo uma entidade simples, unitária. Teríamos tantos eus quanto as partes do nosso corpo e da nossa mente? O que aconteceria se perdêssemos uma dessas partes — ou duas dessas partes? Se perdemos a visão e um braço, por exemplo, esse eu ou o que parece ser o eu deixa, em algum nível, de ser um ponto de referência?

Em seguida, podemos pensar: "Certo. Talvez essas não sejam boas razões. Mas, ainda assim, sinto que tenho um eu. Tenho a minha própria existência e integridade de ser. Não sou um produto dos pensamentos e ações de outra pessoa." E novamente se pergunte o que, dentro desse eu, é verdadeiramente independente? Em que nível a nossa identidade foi influenciada pela nossa educação, família, comunidade, saúde e até mesmo pela nossa dieta? Seríamos os mesmos ou seríamos diferentes, se tivéssemos crescido em outra cultura? Que parte desse eu, incluindo os nossos processos de pensamento e os nossos valores, não é produto de causas e condições? A ideia de independência implica sermos os responsáveis por quem somos. Essa ideia significa que surgimos como somos e que esse eu não é de forma alguma produto de seu ambiente. É isso que você realmente pensa?

Dessa forma, começamos um processo de questionamento e seguimos por ele até onde pudermos. O ponto é ver que hipóteses sustentamos e o que elas implicam. Quanto mais descobrimos, menos lógica elas parecem ser. Esses exemplos servem para apontar equívocos comuns que temos sobre o eu e que não se sustentam perante o raciocínio. Ainda que muitos desses pontos possam não chegar a nos convencer de que o eu não existe, pelo menos eles mostram como o nosso sentido de eu é vago. Não sabemos onde está, muito menos o que é. Por exemplo, quando temos uma dor de cabeça, dizemos: "Tenho uma dor de cabeça." Não dizemos: "O corpo tem uma dor de cabeça." Ou, se cortamos o dedo na cozinha, dizemos: "Me cortei." Nesse caso, estamos pensando no corpo como nós mesmos. Porém, quando estamos sofrendo mentalmente, dizemos: "Estou infeliz. Estou deprimido." Nesse caso, estamos nos considerando como a nossa mente. Desse modo, algumas vezes nos fixamos no corpo e nos apegamos a ele, e outras vezes nos fixamos na mente e nos apegamos a ela. Na vida cotidiana, alternamos dessa forma o tempo todo. Porque não vemos isso com clareza, ficamos confusos sobre quem realmente somos.

Estejamos praticando meditação para acalmar a mente ou para examinar os conceitos, cada sessão é uma oportunidade maravilhosa de vir a conhecer a própria mente. Não precisamos pensar nisso como algo que "temos que fazer" — isso acaba com toda a diversão do processo. A meditação é algo muito interessante. Quase nunca olhamos para a nossa mente e, quando o fazemos, ela está cheia de descobertas que nos deixam curiosos para descobrir mais e ir até o fim dessa coisa que chamamos de "minha mente".

Nos dias de hoje, as pessoas muitas vezes sentem que têm pouco tempo para praticar a meditação, mas mesmo só um pouco de prática diária tem um forte efeito positivo sobre nós. Sentar por 30 minutos em um lugar silencioso ajuda muito, mas também podemos fazer isso quando e onde der. Podemos meditar no metrô, indo para o trabalho ou enquanto esperamos na linha para resolver a nossa situação com a operadora de telefonia, ou enquanto aguardamos a água ferver. Devemos ser práticos frente a isso e fazer o que funciona melhor para nós.

Apêndice 2

POEMAS SELECIONADOS

Quem é você?

Você é tão criativa
E seus truques tão originais
Veja só sua mágica
Tão enganosa, real e infinita.

Você é uma grande contadora de histórias
Tão dramática, colorida e emocional
Adoro suas histórias
Mas você reconhece que está contando as mesmas vez após vez?

Você é tão familiar
Mas ninguém sabe quem você é
Você não é tida como "pensamentos" por alguns?
Você está aí mesmo — é simplesmente a minha delusão?

Não ensinaram a você a ser a mente da verdadeira sabedoria?
Que mundo belo seria esse
Se apenas o pudesse ver por essa mente.

Bem, não importa
Porque eu não existo sem você!
"Quem sou eu?" é talvez a pergunta correta
Afinal de contas, sou apenas uma de suas muitas manifestações!

Denny's

07/02/2006

Magia verdadeira

Pensamento...
Você é o melhor ator
Que Hollywood já viu

Seus dramas...
Tem maior audiência que qualquer novela de TV
Não posso imaginar perder nenhum de seus episódios

Seus efeitos especiais...
São melhores que os da DreamWorks
Tão reais que podem até enganar seu criador

Como pode esse mundo existir sem sua criatividade?
O mundo estaria simplesmente vazio em sua ausência

Não haveria Picasso, ou shows da Broadway
E não haveria amigos ou inimigos

Sua magia faz esse mundo real, excitante e vivo!

Straits Café

11/11/2008

Jardim de Bambu

O coração tenta falar
Mas na ausência de palavras
A mente racionaliza o sentimento
E apenas encontra rótulos
Alegria, dor e depressão
Realidade pesada mas fina como o papel
Assim sento como uma pedra
Em um jardim de bambu
Vejo o céu e sinto a terra
Respiro o ar bem aqui
Então vejo
Claro e brilhante dentro de mim
Amor tão tranquilo

                    Café Redstar

                    13/11/2008

Notas

1   Do *Kalamasutra*, parte dos sutras Nikaya do cânone Páli, atribuídos ao Buddha. Trad. de Kevin O'Neil. *The American Buddhist Directory*. Nova York: American Buddhist Movement, 1985, p.7.

2   Maitreya, *Mahayanasutralamkara* ("Ornamento dos Sutras Mahayana"; Tib. *theg pa chen po mdo sde rgyan*), verso IV.7, com comentário de Vasubandhu. Não publicado.

3   Hazelden Foundation. *The Twelve Steps of Alcoholics Anonymous: as interpreted by the Hazelden Foundation*. Center City, Minessota: Hazelden Foundation, 1993, p.115.

4   Patrul Rinpoche, *The words of my perfect teacher* (*As Palavras do Meu Professor Perfeito*) (Boston: Shambhala Publications, 1998, pp.129-30).

5   Ibid., p.127.

6   Um exemplo notório é o trabalho realizado pelo erudito, tradutor e mestre indiano Atisha, que foi uma figura importante no desenvolvimento do budismo tanto na Índia quanto no Tibete. Ele é conhecido como um reformador que clarificou a confusão, restaurando a sua integridade e corrigindo a tradução, onde nela viu sinais de fraqueza ou de degeneração.

7   Citado em Unrai Wogihara, *Abhidharmakoshavyakhya*. Tóquio: Publishing Association of Abhidharmakoshavyakhya, 1932-36, p.704.

8   Kshitigarbha, *Dashachakrakshitigarbhasutra* (*The Ten Wheels Sutra*, "O Sutra das Dez Rodas"; tib. *sa'l snying po'l 'khor lo bcu pa zhes bya ba theg pa chen po'l mdo*). Ver também: "*The social and political strata in buddhist thought*", in: *The social philosophy of buddhism*. Varanasi, Índia: The Central Institute of Higher Tibetan Studies, 1972, p.2

Índice Remissivo

A

ação transcendental 131
  seis atividades da 132
ações
  compassivas 129
  consciência das 85
  disciplina e 82
  negativas 82
  positivas 82
    dez 83
agressão
  domando a 102
  passiva 102
alegria
  sentido budista de 44
altar 53
amigo espiritual 122, 144
  agindo na presença do 127
  qualidades do 124
amor
  sentido budista de 44
animais, natureza compassiva dos 115
ansiedade 41, 49
apego 69, 90, 102, 132, 179
  abandono 104
  a experiências 139
  ao eu 93, 167
    como um vício 146
arte 116, 175
artes 44
ashrams 54
autodisciplina 78
autoimportância 140
autointeresse 44, 104, 114
  abandonando o 119
autoridade. *Consulte também* autoridade espiritual

B

bem e mal 45
bondade 113
buddha rebelde
  conexão com 68
  e as emoções 106
  treinamento do 103
Buddha Sakyamuni 24
budismo 34
  bagagem cultural 53
  no Ocidente 125, 160
  nos EUA 53, 172
  tibetano 56, 105

tradição ocidental 56

C

caminho 39
  como estilo de vida 101, 109, 117
caminho espiritual 30, 61
  armadilhas no 99
  budista 74
  início 62
  treinamento para o 72
cansaço 46
causa e efeito 121
  conhecimento superior e 90
  mecanismos 69
  no caminho espiritual 74
  princípio 62
cegueira 47
centros do Dharma 173
ceticismo 31
céu 37
charlatões 164
ciência como religião 38
ciúmes 67, 107
compaixão 103, 113, 119
  e altruísmo 114
  e ausência de eu 104
  praticando a 129, 131
  sentido budista de 44, 155
complacência 140
comunicação 73, 102
conceitual
  mundo. *Consulte* mundo conceitual
condicionamentos 14
conexão genuína 110
confiança 39
  no caminho budista 77, 167
  no que confiar 168
  perder a 77
confusão 45
  mestre da 154
  potencial positivo da 106
Conhecimento Superior 88, 90
  treinamento no 93
conhecimento transcendental 137, 164

consciência 170
  ampliar a 54
  e presença mental 77
  obscurecimento da 44
  pura 48
contentamento
  falta de 66
contracultura 54
coração desperto 131
coração questionador 39
criatividade 175
cultura 15
  espiritual 176
  e valores 45

D

Dharma 53, 109
  e formas culturais 165
  espantalho de 166, 182
  símbolo do 166
desejo 69, 156
destemor 120, 154
diligência transcendental 135
discernimento 14, 91
disciplina 81
  fonte da 118
  sentido budista 81
  transcendental 134
  treinamento da 86
dor 66

E

ego 51, 98
egoísmo 104
emoções 44, 149
  boas e ruins 46
  contexto budista das 44
  convencionais 44
  identificação com as 75
  perturbadoras 105
empatia 82
ensinamentos 41
  testar os 38
entusiasmo. *Consulte* diligência tran-

scendental
equanimidade 118
espiritualidade e religião 33, 53
estado desperto 119
estereótipos 57
estresse 41
eu 58
  ausência de 93, 97, 101
    e compaixão 103, 131
  dupla ausência de 104, 137
  meditação sobre 192
  mito do 50
  vs. outro 50, 94
experiências instáveis 139

F

fé cega 37, 153
felicidade
  busca pela 64
  ordinária 70
fixação 132
fruição 47

G

Gendun Choephel 165
generosidade 133
Geração X 55
Geração Y 55
Geshe Ben 164
guru. *Consulte* amigo espiritual

H

hábito 114
heróis 23
hippies 53

I

ignorância 31, 47, 75, 85
  liberação da 49
impermanência 70, 96
  das emoções 46
individualismo 64, 65
inferno 38

inquietação 30
irritação 22

J

John Lennon 162
julgamentos 51, 107

K

Kadampa 164
Kalamasutra 38
Karmapa 18

L

liberdade 15, 29
  desejo por 55
  estado natural de 47
  individual 62, 64, 74
  pessoal 103
linhagem 147, 159

M

Marpa 105
máscara. *Consulte* personalidade
matar 84
materialismo espiritual. *Consulte* cultura: espiritual
meditação
  analítica 89, 94
  de ver com clareza, ou discernimento. *Consulte* vipassana
  do tranquilo permanecer 86
  instruções para 185
  tradição de 56
  transcendental 136
  treinamento em 86
mente
  aspectos relativos e absolutos 43, 46
  conceitual 43
  conhecer a própria 41
  cotidiana 45
  desperta 89, 121
  dualista 149
  e cultura 58

emocional 43, 44, 75
estudar a 62
familiaridade com 42
perceptual 43
relativa 48, 170
revolução da 53
trabalhável 110
mentir 84
mestre. *Consulte* amigo espiritual
  autoproclamado 164
Milarepa 160
mindfulness. *Consulte* presença mental
moralidade 140
morte 70
mosteiros 54
motivação
  desenvolvimento da 62
multiculturalismo 17
mundo conceitual 46

N

Naropa 162
natureza da mente 22, 44, 49
  como tornar-se um vegetal 49
natureza da realidade 26
natureza dos seres
  visão budista 48
neuroses 107, 132, 151
niilismo 99

O

orgulho. *Consulte* autoimportância
  iluminado 154

P

paciência transcendental 134
Padampa Sangye 164
Padmasambhava 162
paixão 41
Palavras de Meu Professor Perfeito,
  As 164
Patrul Rinpoche 164
perfil psicológico 62
personalidade 58

perturbação 44
preguiça 75, 136
presença. *Consulte* presença mental
presença mental 72
  prática 78
prisão 48
prisão da mente conceitual 47
professor 122. *Consulte também* amigo
  espiritual
  como exemplo 161
  contemporâneo 163

Q

Quatro Confianças 168
questão espiritual 32
questionamentos 31

R

raiva 68, 102, 106, 110. *Consulte também* agressão
  como hábito 108
  e disciplina 134
realidade relativa 93
realidade última 93
recitações 56
relaxamento 48
religião 33
religiosidade 14
renúncia 70, 99, 156
retiro 107
revolução 23
rotular 49
rótulos 44, 45, 109, 150. *Consulte também* rotular
roubar 84

S

sabedoria 33
sabedoria de faz de contas 31
Sakyamuni 163, 167. *Consulte também* Buddha Sakyamuni
sala de prática 53
seita 146
semente 121

sexual imprópria, conduta 84
shamatha 86
Siddhartha 55, 70, 161. *Consulte também* Buddha Sakyamuni
Sikkim 17, 54
sociedades 175
sofrimento 64, 96
  causa do 50
  e solidão 113
  liberação do 66
solidão 65
sonho 22
sonho lúcido 48

T

tédio 63
tensão 50
Tibete 105, 139, 162
Tilopa 162
tolo corajoso 151
torpor 74
treinamento 103
  finalidade do 74
  noção de 72
  três treinamentos 81

V

vacuidade 13, 35, 89, 96, 131
  energizada 153
  visão budista da 97
valores 45, 152
  libertação dos 53
vícios 68
vipashyana. *Consulte* vipassana
vipassana 56, 94
visão ampla 66
vulnerabilidade 120

Z

zen 56

O selo **eureciclo** faz a compensação ambiental das embalagens usadas pela Editora Lúcida Letra.

Que muitos seres sejam beneficiados.

Para maiores informações sobre lançamentos do selo Lúcida Letra, cadastre-se em www.lucidaletra.com.br

Impresso em dezembro de 2021, na gráfica Vozes, utilizando-se as fontes Calibri e ScalaPro sobre papel avena 80g/m²